¿Y AHORA QUÉ?

Guía para sobrevivir truenes y divorcios

FERNANDA DE LA TORRE

¿Y AHORA QUÉ?

Guía para sobrevivir truenes y divorcios

OCEANO

Diseño de portada: Jorge Garnica / La Geometría Secreta
Fotografía de la autora: Oscar Ponce / Maquillaje: Ashley Aguirre

¿Y AHORA QUÉ?
Guía para sobrevivir truenes y divorcios

© 2015, Fernanda de la Torre Verea

D. R. © 2015, Editorial Océano de México, S.A. de C.V.
Blvd. Manuel Ávila Camacho 76, piso 10
Col. Lomas de Chapultepec
Miguel Hidalgo, C.P. 11000, México, D.F.
Tel. (55) 9178 5100 • info@oceano.com.mx

Primera edición: 2015

ISBN: 978-607-735-747-6

Impreso en México / Printed in Mexico

Para Gina, mi hermana favorita...

Índice

Introducción

El fin de una relación no es fácil. Después de todo nadie se casa para divorciarse ni comienza una relación amorosa esperando que termine. Es doloroso ver que esa relación por la que apostamos no tiene futuro y que es necesario ponerle un fin.

Cuando mi hermana menor anunció que se separaba, quería cuidarla, apapacharla y ayudarla a pasar el mal rato. Deseaba ahorrarle algunos golpes y explicarle —cosa que hice en repetidas ocasiones— que iba a estar bien. Entendía que en ese momento su dolor era enorme, pero sabía que con el tiempo estaría mejor. Mucho mejor.

Su proceso me hizo recordar el mío. Me sentía muy sola y cometí una gran cantidad de errores que tuvieron repercusiones en mi vida y, desafortunadamente, en la de mi hijo. No hay cursos sobre cómo terminar una relación, así que cuando la vida nos pone a prueba, muchas veces reprobamos. Recuerdo que cuando le dije a mi hermana que estaba segura de que de ese golpe saldrían muchas cosas positivas, me miró como si hablara en otro idioma. Yo le insistía: "Verás que estarás mejor". Ella seguía sin creerme.

Muchas cosas ponen en peligro las relaciones: nuestros miedos e inseguridades, la falta de comunicación o de dinero, los hijos, la cotidianidad, el dar por sentado lo que tenemos, etcétera. En mayor o menor medida, tenemos responsabilidad cuando una relación termina pero no nos gusta reconocerlo, a pesar de que aproximadamente la mitad de los matrimonios terminarán en divorcio y muchas de nuestras relaciones, en ruptura.

Las razones por las que una pareja termina son tan diversas y únicas como las razones que una vez la unieron. Lo que es motivo de ruptura para unos, no afecta la relación de otros. Por ejemplo, para algunos una infidelidad puede ser una razón para terminar, mientras que para otros no. El dinero (y la falta del mismo) afecta a todos los matrimonios, aumenta el estrés y los problemas, pero no lleva a todos los matrimonios al divorcio, afortunadamente. Los hijos o la falta de ellos, el trabajo en exceso o la escasez del mismo: casi todo puede resultar una amenaza para una pareja, aunque no todas terminen divorciándose.

Cada relación de pareja es única, producto de la unión de dos personas únicas, por lo que no puede repetirse. Lo que alguien tiene con A, no lo encontrará ni con B, ni con C. Tendrá otras relaciones únicas, pero jamás la misma que tenía con A. Por lo mismo, todos los finales de una relación son diferentes.

Miguel Ruiz Jr., autor de *Los cinco niveles de apego*, me explicó una vez, durante una cena, que las relaciones se forman porque hay dos personas con voluntad de estar en ella. Cada uno acepta estar con el otro y por eso existe esa relación. La forma que tendrá esa relación depende de lo que ambos hayan decidido poner en ella. Es como si fuera una inmensa canasta o un carrito de supermercado: ¿queremos que haya respeto, hijos, ahorro en nuestra relación? Pues estarán dentro de la canasta. Si alguno no quiere tener hijos, éstos quedarán fuera de los acuerdos de la relación. (A quienes piensen que alguien puede decir que no los quiere, pero que después cambiará de opinión, les informo que generalmente eso no sucede.) Los artículos que están dentro de la canasta irán cambiando, pero esos cambios siempre serán de mutuo acuerdo. ¿Se valen las infidelidades? ¿Tendremos una relación abierta? Si ambos deciden poner esos acuerdos en la canasta, estarán dentro de la relación, independientemente de la opinión de los demás. Cuando uno de los dos ya no quiere alguno de estos acuerdos, habrá que buscar otros que satisfagan a los dos, o bien, habrá que valorar si los dos quieren seguir en la relación.

> ELLA: Ya no aguanto tus parrandas... No las soporto ni un día más.
>
> ÉL: Pero si nunca antes te habías molestado por eso. Además, así me conociste...
>
> ELLA: Pues sí, pero ya no las soporto ni un día más...

"Todo por servir se acaba", dice el refrán y las relaciones no son excepción. Eso que sentíamos por alguien puede acabar y esos detalles que encontrábamos encantadores, pueden llegar a enloquecernos. Es evidente que existe un problema de comunicación, tal como lo comenté en mi libro *Sólo para parejas* (Editorial Océano). Nuestros sentimientos, miedos, creencias nublan la comunicación y acabamos diciendo cosas que no queríamos, o bien, callando cosas que deberían haber salido a la luz en su momento.

Para la mayoría, una ruptura es un fuerte golpe. No importa si de alguna manera ya lo intuíamos y lo veíamos perfilarse en el horizonte, o sea producto de una decisión consensuada. O bien, algo totalmente inesperado y unilateral, y que no deseábamos que sucediera. Nos enfrentamos a una situación desconocida y dolorosa. Si dicen que no sabes bien con quién te casas, definitivamente tienes mucho menos idea de quién te divorcias y qué tipo de reacciones va a desatar en ambos el dolor de la ruptura.

Me casé muy joven con un hombre divorciado y no me hice (ni le hice) muchas preguntas. Creía que el amor salvaría todos los obstáculos. Y sí, estoy segura que lo hace, pero sin la comunicación no hay amor que aguante. Con el paso de los años el sueño del matrimonio acabó en divorcio. En mi caso, al igual que en muchos otros, la noticia fue inesperada. Los cambios no son fáciles. Además de ajustarnos a estar solos hay que superar la pérdida, vivir el duelo, cambiar las dinámicas con nuestra familia, hijos, amigos, cómo pasamos el tiempo libre y, desde luego, la situación económica. Son muchos cambios, pero posibles.

Cuando alguien cercano a mí se separa le digo que, aunque no parezca posible en ese momento, estará mejor. Le pido que mire a su alrededor y recuerde a todos los hombres y mujeres divorciados que conoce y que reconozca que no se quedan permanentemente estacionados en el dolor. A algunos les lleva más tiempo que a otros, pero nadie se queda viviendo por siempre el dolor de una ruptura. Al contrario, con tiempo y esfuerzo, eventualmente podemos ver "luz al final del túnel" y volver a ser felices. Es raro que después de un tiempo razonado, un divorciado no reconozca que el haber puesto fin a la relación fue doloroso pero positivo.

Con el tiempo nos damos cuenta de que terminar es lo mejor que pudo habernos sucedido y si tenemos hijos, a ellos también. Una ruptura amorosa no marca necesariamente el fin de una relación. La relación continúa de diferente manera, cada uno elige (así como en el caso de la canasta) cómo será esta nueva relación. Puede ser amistosa y cercana o lejana y complicada. De amigos o enemigos.

Independientemente de que hayamos estado casados, en unión libre, viviendo en casas separadas o con nuestros padres, hay varias cosas que resolver cuando la relación termina. Más aún si hay algo en común como una propiedad, negocio, mascota, hipoteca o deuda.

Quienes tienen hijos no pueden cambiar la realidad de su paternidad. Pueden estar divorciados, separados, detestar a su pareja pero ésta será siempre el padre o la madre de sus hijos. Saben que a pesar que la relación de pareja terminó, no pueden ser "expadres" y que seguirán vinculados a quienes fueran sus cónyuges de por vida. Por lo mismo, se esfuerzan en mantener una relación cordial y amistosa con la expareja en beneficio de todos los involucrados. Hay quienes, desafortunadamente, no quieren o no pueden tener este tipo de relación, y los maltratos, rencores y resentimientos marcan lo que será la relación en el futuro. Esto, además de afectarlos a ellos, lastima profundamente a sus hijos, pero el dolor, o el enojo, no les permite ver que más que lastimar a su pareja, lastiman a quienes menos culpa tienen: a sus hijos.

Los problemas de comunicación entre las parejas son cada vez más frecuentes. La importancia que se da al día de la boda es desmedida y toma más tiempo planear este evento que discutir los temas estructurales del matrimonio. Parece mentira que nos dediquemos tanto a planear lo que, en el fondo, solamente es la celebración y testimonio de un compromiso. Si lo pensamos fríamente, la boda es sólo una fiesta que dura unas horas. El matrimonio, en cambio, es una decisión de vida, y no profundizar en este asunto es definitivamente una imprudencia que puede tener graves consecuencias.

Para las mujeres, el tema de la boda es como ser reina por un día. Es algo que tienen muy presente desde niñas. Paradójicamente, en plena era de la tecnología y la comunicación, lo que rige a la hora de casarnos son las fantasías y los cuentos de hadas. Para complicar más la situación, muchos nunca se cuestionan si en verdad desean casarse o si es una imposición social. Bajo esta luz, no sorprende que existan tantas personas que acaben con alguien a todas luces inadecuado por las razones equivocadas y que el sonado matrimonio termine en un estrepitoso divorcio.

Las estadísticas en todo el mundo indican que el número de matrimonios va a la baja, mientras que el número de divorcios y parejas en unión libre va a la alza. Las probabilidades de que un matrimonio termine en divorcio se acercan a 43 por ciento en Estados Unidos y un poco menos en México. ¿Por qué fracasa casi uno de cada dos matrimonios? ¿Será que en verdad el matrimonio es la tumba del amor? ¡Claro que no! Lo que sepulta al amor no es el matrimonio, sino la falta de comunicación. Una vez que el amor se acaba es difícil que un matrimonio funcione.

Nos entristecemos cuando las parejas cercanas a nosotros se divorcian. El divorcio es un trago amargo para los cónyuges y para sus hijos, por decir lo menos. La verdad, debimos habernos entristecido antes, cuando vimos que personas queridas estaban tomando una decisión a todas luces equivocada. Debimos habernos escandalizado al darnos cuenta de que se iban a casar con la persona que no era para ellos, que tomaban una de las decisiones más importantes de su vida dejándose llevar por la ilusión de la boda o por convencionalismos sociales. Debimos haber puesto "el grito en el cielo" cuando vimos que se casaban sin conocerse, no cuando se divorcian. El divorcio es duro, pero es peor ver a quienes tanto queremos vivir atadas por años a relaciones destructivas.

No debería sorprendernos que cada vez haya más divorcios. ¿Cómo podría ser de otra manera, si no nos conocemos y no sabemos qué queremos, si tampoco conocemos bien a la persona con la que nos casamos, si no hemos hablado de los temas fundamentales del matrimonio y no nos hemos puesto de acuerdo en nada? Para nuestra cultura latina, una negociación de un acuerdo prenupcial, ya no digamos de dinero sino de división de las tareas, es el clímax del antirromanticismo. ¡Horror de horrores! Nadie habla o comenta esas cosas. ¿Alguien ha visto en una película de Hollywood o de Disney que la heroína se siente a discutir con el príncipe valiente cómo van a dividir las tareas del castillo y las responsabilidades de los hijos? ¡Ja! Nunca. La realidad no vende. Es más fácil alimentar nuestras ilusiones con películas en las que el amor vence todos los obstáculos y después de una preciosa boda, los novios parten felices y enamorados rumbo a la luna de miel y aparece la palabra "FIN" sobre un atardecer. El problema es que en la vida real es justo al revés: la pareja, después de una preciosa boda y una romántica luna de miel, regresa y otra vida comienza. Nada más lejos que la palabra "Fin"; por el contrario, es ahí cuando empieza la película de nuestro matrimonio, en donde hechos tan simples como la manera en que apachurramos la pasta de dientes, o el lavado de los platos, pueden dar lugar a batallas campales que hacen imposible la convivencia.

¿Qué vas a encontrar y qué no vas a encontrar en este libro?

Más allá de enunciar las causas de la ruptura de una relación y tratar de solucionarlas o impedir la ruptura, este libro es una guía práctica que repasa todos los temas involucrados en el final de una relación.

No profundizaré en las causas que te llevaron a la ruptura ni cómo puedes evitarla. No hay capítulos que hablen de una "reconquista". Tampoco analizo los temas legales que hay que solucionar antes de firmar un divorcio, como custodia, patria potestad, pensión alimenticia. No se trata de un libro sobre los hijos y el divorcio (hay muchos muy buenos sobre el tema).

Aquí describiré las situaciones comunes a las que nos enfrentamos después de una ruptura sentimental: cómo construir algo personal y espiritual después de aquélla. Cómo reinventarte después de pasar un duelo. Reinventarte no es cambiar de color de pelo o adquirir una nueva personalidad; tiene que ver con una reconstrucción interna (cómo te sientes, trabajar con tu autoestima, definirte sola) y una externa (tus nuevas relaciones, trabajo, nuevos amigos, nueva pareja).

Si este libro te interesa, asumimos que la relación terminó y buscas evitar los errores que comúnmente cometemos cuando esto sucede, y de ser posible, llevar una buena relación con tu expareja. Al igual que *Sólo para parejas*, que pretendía ahorrar problemas a las parejas fomentando la comunicación, este libro trata de hacer lo mismo cuando la relación de pareja termina y empieza otro tipo de relación. Aquí planteo una serie de temas que es necesario resolver y conductas que es mejor evitar. Seleccioné los temas tomando como base los problemas más comunes de las parejas que deciden separarse. Probablemente no son todos los que están ni están todos los que son, pero definitivamente aquí encontrarás una guía funcional para hacer frente a la separación. Si bien no existe un libro que te ayude a tener todo bajo control, espero que éste te permita ver que con el tiempo estarás mejor.

1 Nuestra ruptura es oficial: ¿y ahora qué hago?

La ruptura

La relación llegó a su fin. Ya sea porque te has marchado de la casa o bien porque tienes un papel que dice que están oficialmente divorciados. Quizá lo decidieron ambos amistosamente o fue una decisión unilateral. A pesar de que de alguna manera intuíamos que las cosas no iban bien y de que teníamos mil indicios de que la relación estaba fracturándose, la realidad es que cuando sucede resulta difícil aceptarlo y duele.

Quizá sabemos que es lo mejor para los dos, que no podemos volver a una relación deteriorada que nos lastima. Probablemente sepamos que hace mucho dejó de ser el espacio positivo en el que nos sentíamos apoyados y apreciados. Lo cierto es que a pesar de saber todas esas verdades, una ruptura duele. Es un dolor que no conoce de géneros, edad o nacionalidad. No importa si fue una relación de años, nuestra primera relación seria, o una de muchas en nuestra vida adulta. Duele en la juventud y en la edad madura. Quizá debido a que conocemos el dolor de una ruptura buscamos evitarlo y por eso nos quedamos mucho más tiempo del conveniente en una relación que ya no funciona. Padecemos la relación en vez de gozarla, pero seguimos ahí, porque aunque sea mala, nos parece mejor que estar solos, perder la estabilidad económica, el estatus social o lo que sea. Queremos evitar la ruptura y vernos obligados a enfrentar un fracaso, por ello tratamos en vano de perpetuar una relación que no tiene futuro.

En algunos casos, la ruptura tiene un componente de alivio, ya que pone fin a una situación de tristeza o violencia. Para algunas personas, la ruptura no tiene pies ni cabeza. Es algo que no esperaban, que no vieron aproximarse, o bien lo sabían pero prefirieron el autoengaño. El problema es que si elegimos ignorar las señales de alarma en una relación y minimizamos esas situaciones que nos dicen a gritos que las cosas no van bien, y preferimos mirar a otro lado, esperando que la situación vuelva a la normalidad, es muy difícil que la relación cambie para bien. Para quienes se empeñaron en creer que tenían la "relación perfecta" la ruptura es muy dolorosa porque los obliga a enfrentarse con todo aquello que durante años no quisieron reconocer. Quizá pensábamos que nuestras actitudes indiferentes, o poco cariñosas, no tendrían consecuencias y que la otra persona estaba feliz dentro de la relación. Quizá pensamos que se quedaría eternamente a nuestro lado a pesar de que las cosas no iban bien. Nunca imaginamos que nuestra pareja sería capaz de tomar una decisión así.

Una ruptura marca el fin de una situación conocida para empezar otra que no conocemos, que asusta, que cuesta trabajo imaginar. Pone fin a planes y sueños, sí; pero también es una oportunidad para reflexionar, ver eso que no nos gusta acerca de nosotros mismos, revisar cómo habíamos construido esa relación de pareja, reconocer nuestros aciertos y errores. Una revisión que nos dejará valiosos aprendizajes de nosotros mismos, lo que queremos y no queremos de una relación.

El tema de este libro no es la ruptura en sí, sino el construir algo a partir de ella. Del mismo modo, el tema de una separación amorosa no es el dolor, sino lo que hacemos con esa ruptura. En nosotros está convertirlo en una montaña más alta que el Everest y perpetuarnos como víctimas o elegir ser felices y adaptarnos a la situación.

Sé que al principio el dolor te ciega, y no crees que puedas sentirte bien nuevamente, pero si miras a tu alrededor verás que todas las personas que se han divorciado con el tiempo están mejor, y algunas se encuentran incluso mejor que cuando estaban casadas.

Uncoupling o "desacoplamiento consciente"

Al igual que la mayoría, escuché el término *uncoupling* cuando se hizo pública la separación de Gwyneth Paltrow y Chris Martin, tras once años de matrimonio. Ellos se *desacoplaron conscientemente*. Este término tan poco común se refiere a un tipo de separación que desgraciadamente todavía es poco común. ¿De qué se trata? Básicamente se refiere a una decisión conjunta, madura y tranquila, después de un tiempo de intentar salvar a la pareja sin éxito. En la pareja hay la firme intención de continuar con una amistad, por ellos mismos y por sus hijos (en caso de tenerlos).

Puntos relevantes

Reconocer que, después de un serio esfuerzo (léase terapia o algún tipo de ayuda profesional por más de un año), la relación ya no puede salvarse.

Analizar qué fue lo que hicimos y por qué las cosas salieron mal, en vez de culpar al otro.

Responsabilidad. Entiendes que son tus propios problemas los que te impiden apreciar y convivir con tu pareja y que ella merece respeto, aprecio y cariño. Entiendes que lo mejor es terminar la relación.

Valor. Enfrentas la situación en vez de evadirla.

Crecimiento espiritual. Reconoces al otro como tu maestro. O dicho en términos más mundanos, reconoces que aprendiste mucho de ti misma de la convivencia con tu hoy expareja.

Paternidad. El desacoplamiento resuelve muchos problemas de la paternidad después del divorcio. Se elige esta forma de separarse porque ambos consideran que una buena relación de los padres es lo mejor para los hijos.

¿Sólo para padres? No se aplica únicamente a las relaciones de padres con hijos, el desacoplamiento puede funcionar para parejas que no los tengan, y también para otro tipo de relaciones en las que hay activos, propiedades, negocios en común.

Mediación en vez de litigios. El desacoplamiento consciente también incluye la forma en que se va a llevar el divorcio: no hay pleitos, hay acuerdos. Éstos conllevan no buscar abogados que perjudiquen financieramente al otro. Se llega a acuerdos a través de un mediador. Todos los relativos a la educación de los hijos, la repartición de bienes y asuntos financieros deben tomarse con el mediador antes de llegar a un juez.

Desventajas. Desafortunadamente, es más fácil decir que quieres una ruptura así de civilizada que verdaderamente hacer todo lo posible para lograrla. Hay quienes no están listos para reconocer que algo anda mal, menos para terminar la relación y dejar ir. En situaciones de abuso es muy difícil tener la

serenidad que se requiere para asumir las propias culpas. No todas las parejas pueden llegar a este tipo de acuerdo para finalizar con su relación.

Divorcio, el día después: ¿hay luz al final del túnel?

Él dice: el primer shock es el cambio de escenario. Tras dejar mi antigua casa y tras mi etapa de exiliado de hotel, ya me mudé a mi nuevo "hogar". Tiene cosas pero luce vacío. Primero puse, como declaración de independencia, el cartel de los Pumas que tanto odiaba mi ex. El depa luce vacío, pero sucio. La verdad, mi ex no era tan floja, y esto de arreglar la casa está ca… No sé cómo, pero ella siempre tenía todo en orden. Ahora además de mi trabajo, tengo que ir a la tintorería, ir de compras, llamar al plomero si el baño se descompone. Chin. Por otro lado, me da gusto recuperar mis espacios: ahora puedo ir al partido, o al dominó, o a donde quiera con mis cuates, o solo. Nadie me está contando las copas; nadie me reclama. ¡Nadie me reclama! Bueno, también es cierto que ahora nadie me cuida. Puedo caerme de borracho o hacer los osos que quiera y ni quien diga nada. Lo que más me duele es no ver a mis hijos a diario. El depa luce vacío, y callado. Nunca me había dado cuenta de cuánto ruido hacen los niños. El otro día que salimos me pidieron mil cosas y yo les compré todo. No sé si sea malcriarlos, pero me sentí culpable de que estén viviendo esto. Creo que me cayó el veinte del divorcio cuando mi hijita de tres años me pidió que la llevara al baño. En el baño de hombres del cine había otro papá soltero con su hija de tres años. Fue como verme en el espejo. Ahí sí supe que estaba divorciado. Que ya no tenía un equipo. Que ya no tengo un equipo.

Pues sí, ya es oficial: *consummatum est*. Sin importar las razones, el divorcio es tan difícil para hombres como para mujeres. De pronto te hallas en otra casa, con la mitad de las cosas y sin saber qué rumbo tomar. Sabes que es un nuevo comienzo, pero no tienes idea de por dónde empezar. Te sientes libre y a la vez solo. Dudas de tu decisión y al mismo tiempo tienes la certeza de que fue mejor así. Todo parece igual y, sin embargo, para ti todo es tan distinto. ¿Podrás sobrevivir? Estás en un túnel oscuro. ¿Alcanzas a ver la luz?

Los expertos saben que una ruptura es un evento traumatizante. Sólo lo superan por su impacto la muerte de un hijo o de los padres. Sí. Es difícil, muy difícil, pero el *show* debe continuar. Tardamos en recuperar confianza, en adaptarnos para seguir adelante, en aprender a disfrutar otra vez las cosas simples de la vida.

A pesar de lo difícil que es, tienes que saber que es posible sobrevivir y que existe una luz al final del negro túnel, pero para poder ver esa luz lo primero que tienes que hacer es querer abrir los ojos... y eso depende de ti.

Las siguientes son algunas ideas para ayudarte en el nuevo arranque.

- Acepta tu nueva situación, sin juzgarte ni criticarte. Analiza y entiende las razones, cuando las conozcas te será más fácil no repetir errores.
- Aprende a comunicarte mejor. Platica con tus amigos: hablar de los miedos y las preocupaciones les quita el filo. Asegúrate de tener muchos amigos a la mano, porque es común que te dé por repetir el drama como disco rayado.
- No te aferres. Acuérdate de que ya terminó tu matrimonio. Recupera tu amor propio y sigue adelante.
- Redefine tu rol como padre o madre. A pesar del divorcio, si tienes hijos siempre serán un vínculo con tu ex. Trata de anteponer siempre su interés al tuyo. Apóyalos para que no les resulte tan doloroso el proceso y explícales en su propio idioma lo que pasó. Es importante que puedan platicar con ambos padres.
- Lo que dices de tu ex, te afecta. Aguántate las ganas de hablar mal de tu ex, porque esto puede llevarte a guardar sentimientos negativos más tiempo. Entre más pronto perdones y dejes ir tu pasado, mejor.
- Restablece tus lazos sociales. Hacer nuevos amigos y fortalecer los vínculos familiares te ayudarán a evitar dos errores comunes en un divorcio: buscar pareja cuando no estás lista y aferrarte demasiado a los hijos.

Ella dice: hace días una amiga me dijo que su amigo divorciado estaba listo para seguir adelante y que le pidió que le presentara a una de sus amigas. Ella pensó en mí y me preguntó si podía darle mi teléfono. No supe qué decir. Duda existencial: ¿cuánto tiempo debe pasar para salir de nuevo? Aunque me separé hace tres meses, siento que es poco tiempo para una *blind date*. No es que todavía sienta algo por mi ex, creo que fue mejor separarnos; de hecho hasta nos llevamos mejor y ya ni nos gritamos. Pero ¿cuándo podré reanudar mi vida? A lo mejor digo que sí y luego el galán piensa que estoy loca por salir cuando sólo han pasado tres meses... O: ¿qué tal si me ve alguien que ignora mi separación y piensa que le estoy poniendo el cuerno a mi ex? ¡Qué horror, sería una pena! De por sí las otras mamás de la escuela ya empezaron a verme feo. La verdad, todavía no se me antoja salir, como que ando insegura. ¡Ya ni siquiera conozco las reglas! Si salgo con alguien, ¿a las cuántas salidas le digo que sí? Mmm, no, todavía no estoy lista. El otro día, después de cenar con los compadres Cris y Paco, me sentí muy rara, como aceituna en pastel de fresas. Apenas me subí al auto para volver a casa me solté llorando a moco tendido. Creo que ahí me cayó el veinte del divorcio. Tomamos la decisión correcta, pero no es fácil. Me preocupa que mis hijos vean menos a su papá. Y siento culpa por ello: no lo tienen cerca porque así lo decidimos. ¿Nos perdonarán algún día?

La relación terminó. Empieza otra... con tu ex

El divorcio es para siempre. Frase dura, pero cierta. Esto aplica a cualquier ruptura. No importan las razones, no importa si hubo dolor, o si es lo mejor para los dos; una ruptura implica dar la vuelta a la página de una relación. Esta vuelta a la página, por amistosa que sea, implica cambios. Cambios en la rutina en la que quizá llevábamos varias décadas.

El poner punto final a cualquier cosa no es sencillo. Nos resistimos al cambio. Estamos bien en nuestra zona de confort y salir de ahí es difícil. Si un cambio de casa, o de trabajo, representa ya un gran esfuerzo, por supuesto que finalizar una relación es más complejo. Además de los años compartidos, vivencias, amistades, en muchos casos están los hijos.

De pronto, todo cambia. Los planes de un futuro compartido se desvanecen para dar paso a dos caminos individuales. Como en otras situaciones, al salir de nuestra zona de confort obtenemos grandes satisfacciones personales. Cuando finalmente nos atrevemos a hacer aquello que nos aterraba, nos damos cuenta de que no era tan temible como pensábamos. Y, quizás, hasta podemos encontrarlo satisfactorio. ¿Recuerdas cuando te atreviste a probar ese platillo que te daba asco y finalmente acabó siendo uno de tus favoritos?, ¿o de aquella vez que te aterraba hablar en público y todo salió muy bien?, ¿o de la ocasión en que decidiste hablar con tu jefe de un nuevo proyecto y lo aceptó? Todos tenemos ejemplos de haber salido de nuestra zona de confort con buenos resultados. Piensa que una ruptura no es la excepción. El salir de la zona de confort que te brindaba la relación traerá cosas positivas a tu vida.

Acepta tu nueva situación, sin juzgarte ni criticarte. Analiza y entiende las razones de la separación. Con frecuencia pasamos mucho tiempo preguntándonos qué hicimos mal, qué podíamos haber hecho mejor, y si hubiéramos podido evitar la ruptura. En muchos casos, son preguntas sin respuesta. Seguramente cometimos errores. Seguramente, si hubiéramos hecho tal o cual cosa, muchos problemas se hubieran evitado. Pero ya no importa, los "hubiera" no sirven de nada. Podemos dar mil vueltas, el punto es que la relación terminó.

En vez de desperdiciar el tiempo mirando lo que hicimos o dejamos de hacer es mejor aceptar la situación. Aceptar nuestras acciones sin juicio, sin criticarnos, sin odiarnos, nos ayudará a conocernos mejor y evitar repetir los mismos errores. Por el contrario, pasar el día odiándonos por nuestros errores, no los resuelve. Si no lo hiciste con tu pareja antes de la ruptura, es un buen momento para iniciar una terapia.

En *Los cuatro acuerdos*, don Miguel Ruiz dice que un juicio, para ser justo, sólo puede llevarse a cabo una vez. Lo mismo debemos hacer nosotros con nosotros mismos. Si vamos a juzgarnos, que sea una sola vez y para crecer. No tiene caso juzgarnos, condenarnos y sentirnos mal todos los días por algo que quedó en el pasado y es imposible cambiar. Es mucho mejor asumir las consecuencias de nuestro error, y poner atención para evitar repetir esas conductas otra vez.

El fin de una relación es también una magnífica oportunidad para conocerte. Destina un tiempo para profundizar en lo que sientes, en lo que quieres y lo que no quieres. En otras palabras, conócete. Muchas veces portamos las etiquetas que nuestra familia o amigos nos han puesto, que no tienen nada que ver con lo que somos o lo que queremos ser. Aprovecha para deshacerte de esas etiquetas y saber qué quieres y quién eres.

Para bien o para mal, una separación rompe con rutinas. Si estabas acostumbrado a visitar a los padres de tu expareja para comer, o para ver películas, eso se acabó. No importa si lo hiciste durante años. Se acabó al igual que las llamadas a la oficina para saber cómo se encontraba, consultar cualquier tontería, comentar los planes del día o del fin de semana. Lo que era cotidiano y común deja de serlo. Esas llamadas para ver cómo iba su día, después de la ruptura pueden interpretarse como molestias, acoso y dar lugar a interminables problemas.

No se puede borrar de un plumazo todo aquello que los unió por tanto tiempo. Los sentimientos no se extinguen sólo porque la relación terminó. Para muchos, los sentimientos hacia quien fue su cónyuge siguen existiendo mucho tiempo después de que firmaron el convenio de divorcio. Independientemente de que haya papeles de por medio o no, lleva tiempo entender que la relación terminó y que ese futuro en común que habían soñado no existirá. Hay quienes, a pesar de que no lo confiesan, viven con la fantasía de que con el tiempo restablecerán la relación. Terminar una relación puede ser cuestión de unos minutos, pero el desapego emocional puede durar años.

Marco se divorció de su esposa después de haber estado separados en diferentes ocasiones. Fue ella quien insistió en el divorcio. A pesar de que fue su decisión, siguió dependiendo emocionalmente de él como si fuera todavía su marido. Le consultaba cosas de sus hijos, claro, pero también de su trabajo, en dónde debía invertir su dinero, a dónde debería ir de vacaciones. Todo. En un principio esta situación le pareció normal a Marco pero con el tiempo empezó a incomodarlo. Él había iniciado una nueva relación y sentía que la relación con su exesposa era un lastre. Habló con ella al respecto y le pidió que sólo se comunicara para asuntos relacionados con los hijos, pero no hubo mayor cambio. Su exmujer seguía consultándolo para todo. Finalmente, se deterioró lo que era una muy buena relación de padres divorciados.

Otra regla que cambia es la de "exclusividad". Ahora cualquiera de los dos puede salir con quien se le antoje, empezar nuevas relaciones. En minutos, pasamos de todo a nada. De pensar en caminos paralelos a caminos opuestos. No es fácil aceptar que ahora lo perfectamente normal es que esa persona a la que adorábamos está libre —al igual que nosotros— para salir con alguien más. La mayoría no estamos preparados para esto en el momento en que sucede. Las reglas del juego cambian más rápido de lo que podemos asimilar. Creemos —erróneamente— que todavía tenemos o deberíamos tener cierta injerencia sobre su vida.

Habla Magdalena: "Recuerdo cuando nos hicimos novios, hablábamos por teléfono varias veces al día, salíamos juntos e íbamos a todos los eventos de nuestras familias y amigos. Hablábamos en plural: '¿Qué te llevamos? ¿A qué hora llegamos? ¿En qué te ayudamos?'. El matrimonio cambió esa rutina un poco. Quizás hablábamos menos porque podíamos ponernos de acuerdo en casa. La separación lo cambió todo. Ahora hablamos únicamente de las cosas indispensables. Ya no sabía las cosas que pasaban en su oficina. Nuestra rutina de los fines de semana se convirtió en ponernos de acuerdo para ver a quién le tocaban los niños esos días. Dejar de hablar en plural fue difícil. Después de años de hacerlo, simplemente no podía acostumbrarme a decir: '¿Qué te llevo? ¿A qué hora llego?'. De hecho, después de cinco años de divorcio, cuando hay composturas en puerta: le digo al electricista o al plomero cuando me dan el presupuesto: "Me parece caro. Déjeme consultarlo con mi marido".

Una ruptura sentimental pone tu vida de cabeza, hay que aceptarlo. Cambias de rutina, situación económica y, en algunos casos, hasta de amigos o de casa. Es imposible no sentirse desconcertado, confundido. Sin embargo, entre más pronto podamos aceptar la realidad, más pronto iniciaremos nuestra nueva vida. Es necesario cambiar los acuerdos que teníamos para dar paso a nuevos acuerdos, que funcionen en la nueva relación.

Una ruptura es complicada. La buena noticia es que a pesar de ser dolorosa es transformadora. Un tiempo después, probablemente nos encontraremos en las filas de los "felizmente divorciados" o "solteros felices". Si empiezas a pasar por este proceso, te sientes solo, desorientado, sin saber qué hacer. Piensa que, poco a poco, las cosas se

27

acomodarán, mejorarán y un día inesperado volverás a sentirte feliz, cosa que hoy parece imposible.

De todos los golpes de la vida (el divorcio sin duda es un golpe) divorciarse tiene algunos beneficios aparejados. Después de todo, no decidimos separarnos porque éramos absoluta y perfectamente felices en la relación. No. Había problemas, desavenencias, tristezas. Y si bien es cierto que los problemas no se terminan con un divorcio, es un alivio poner fin a una relación que ya no funciona.

Como todo en la vida, el tiempo que te tome recuperarte de una ruptura sentimental depende de ti y de la actitud que tengas al respecto. Puedes decidir verlo todo negro o aceptarlo como una parte de tu vida. Quejarte o victimizarte no va a ayudar. Muchas personas terminan su relación de pareja, pero consiguen establecer entre ellos otra relación de respeto, amistad y civilidad. Sin duda, es lo deseable.

¿La clave? Una mala memoria y dejar ir el resentimiento

Hace un tiempo, comí con mi amigo Carlos Ruvalcaba, quien tiene una envidiable relación con su exmujer. Además de tratar los temas de los hijos, han conservado la amistad y la complicidad. El resultado es que, a pesar de que se divorciaron hace muchísimos años, su relación es muy cercana. Disfrutan de su mutua compañía, se apoyan en sus respectivos trabajos, con sus parejas, temas domésticos, todo. He encontrado muchas parejas divorciadas cuyas relaciones son cordiales, pero debo decir que lo que ellos tienen es excepcional. Le pregunté a Carlos cómo lo había logrado y me dijo: "El secreto es una mala memoria y no tener resentimientos". Cuando le pedí que me explicara un poco más, comentó que la mala memoria era indispensable para olvidar todas las afrentas que te han hecho, ya que si las recuerdas te impedirán tener una buena relación. Aunado a ello, es necesario dejar ir el enojo, ya que si no lo hacemos, éste termina por convertirse en hostilidad hacia el otro.

Adela, su exmujer, agregó que también era importante no llevar cuentas de quién hizo qué o quién pagó qué con respecto a sus hijos. Definitivamente es una gran receta, y ellos son el vivo ejemplo de que funciona. Creo que además tiene la ventaja de que sirve en todo tipo de relaciones.

Por supuesto, es mucho más fácil decirlo que hacerlo. Echar voluntariamente al olvido todo lo que nos molesta o nos hace sentir mal no es tarea fácil. En ocasiones implica dejar atrás ciertos recuerdos dolorosos y abandonar el papel de víctimas que veníamos interpretando por años y había funcionado tan bien para manipular al otro. A veces, el resentimiento se ha integrado tanto a la existencia que se piensa —equivocadamente— que si se deja ir se sentirá un vacío. Se ha convertido en un motor para seguir viviendo. Gente como Carlos y su mujer saben que el bienestar de sus hijos es mucho más importante que sus traumas personales y ¿qué puede ser mejor para ellos que tener unos padres que se llevan bien? Si logramos aplicar la teoría de Carlos, esa mala memoria puede ser muy útil para olvidar las cosas que no son prioritarias y concentrarnos en las que sí lo son. Después de todo, la mayoría de las cosas que hace diez años —o quizá mucho menos— nos parecieron importantes, hoy ya no lo son, al igual que muchas de las personas que en ese entonces estaban en nuestra vida y que ya no están.

El resentimiento es un gran lastre. Si logramos dejarlo ir definitivamente viviremos más ligeros y nuestras relaciones mejorarán, no sólo con nuestros ex —como en el caso de Carlos y Adela—, sino también con nuestros amigos, familiares y colegas. Es normal que después de convivir un tiempo con alguien se generen resentimientos, en la mayoría de los casos debido a situaciones poco trascendentes: quizá no te invitaron a la fiesta de cumpleaños, hicieron un comentario ofensivo o no te apoyaron cuando pediste ayuda. Probablemente tengamos razón en ofendernos y sacudirnos ese resentimiento sea una tarea titánica; sin embargo, si lo logramos la recompensa también es enorme.

Acostúmbrate a tu nuevo mundo

Es difícil adaptarse a la nueva situación que llega tras una ruptura. Seguramente habrá cosas que extrañarás de tu relación de pareja, como los fines de semana y las fiestas de Navidad y Año Nuevo. Tus amistades y familiares siguen haciendo sus planes, en los que de alguna manera ya no cabes. Si solías comer en casa de sus padres los fines de semana, será una dinámica que ya no se repetirá. Probablemente ya no verás a la misma gente ya que los amigos que compartían como pareja muchas veces toman partido y dejamos de verlos.

Una ruptura nos obliga a salir de nuestra zona de confort. Hombres que jamás habían cocinado o cosido un botón, aprenden a hacerlo. Mujeres que nunca habían manejado de noche o en carretera, lo hacen. Quienes habían dejado en manos de su pareja el manejo financiero y administrativo del hogar, aprenden a hacerlo. Padres que usaban a su pareja como un "intermediario" con sus hijos, mejoran su relación con ellos. Además de todo lo que aprendimos de la convivencia cotidiana con quien fue nuestra pareja —música, literatura, gastronomía o lo que quieran—, una ruptura nos ayuda a crecer como personas. Si tratas de ver con buen ánimo los cambios inevitables que se presentan en esta situación será más fácil. Creo que puedo decir sin temor a equivocarme que el divorcio me hizo más fuerte y más completa. Acepté la libertad que viene aparejada al divorcio y la responsabilidad que conlleva.

Lo más sensato —y quizá lo más difícil de hacer— es tomar las cosas con calma. Entender y aceptar que una ruptura es un proceso y que toma tiempo adaptarse a los cambios. Nos gusta creer que estamos bien y minimizar las cosas. Cuando nos preguntan que cómo estamos, respondemos "¡todo bien!" o "¡no pasa nada!", cuando lo cierto es que tenemos heridas emocionales ocasionadas por la ruptura y que toman su tiempo en sanar. Sería bastante improbable que después de una ruptura estemos "perfectamente". Es tonto que lo creamos o que lo crean quienes nos rodean, a pesar de que lo repitamos mañana, tarde y noche. Por supuesto que no estamos bien. Estamos en un periodo de ajustes. Hay que soltar kilos de resentimiento acumulado durante años, revisar qué fue lo que hizo que la relación terminara. Perdonar y perdonarnos. Si en la separación hubo abuso o maltrato, probablemente estemos mejor, pero eso no implica que no haya muchas heridas por sanar.

Hay un refrán que dice que "lo que no te mata, te hace más fuerte". El divorcio o una ruptura son, sin duda, buen ejemplo de ello. Cuando vemos a los hombres y mujeres que se divorcian después de un tiempo, encontramos que la gran mayoría es mucho más fuerte que al principio del proceso.

Ajustarse a la nueva realidad económica es también un reto. Muchos gastos ya no podrán hacerse. Hay que aprender a hacer presupuestos y ceñirse a ellos. Por otra parte, es importante hablar con los hijos para que también ellos se ajusten a la nueva realidad. Muchos de los ajustes económicos serán temporales, otros permanentes. Si en la pareja sólo había un proveedor, probablemente el otro tenga que empezar a trabajar para aumentar el nivel de ingresos. En la mayoría de los casos lo que se asigna de pensión no es suficiente y en otros ésta no se cumple cabalmente en los plazos asignados. Sea como fuere, es importante realizar ajustes económicos como parte de tu nueva vida.

Empezar de cero

> *Nunca eres tan viejo para fijar otra meta o soñar un sueño nuevo.*
>
> C. S. LEWIS

Dice el refrán que "el hombre propone y Dios dispone". Muchas de las cosas que creemos o queremos hacer con nuestra vida cambian o no llegan a realizarse en su totalidad. Tenemos planes, proyectos y sabemos que, a pesar del empeño que pongamos en ellos, por diversas circunstancias no todos llegarán a concretarse. La vida es cambiante e incierta. Y muchos de estos cambios son inesperados y nos vemos en la necesidad de empezar de cero.

Para mí uno de los mejores ejemplos de lo que significa "empezar de cero" nos lo proporciona Kate, interpretada por Meg Ryan en la película *French Kiss*. Kate es una mujer rígida, que cree saber exactamente cómo será su futuro. Una de esas mujeres que tienen todo perfectamente planeado y creen que pueden tener todo bajo control. La vida le enseña a Kate que quizá lo mejor de vivir son los cambios inesperados cuando su futuro marido Charlie (Timothy Hutton) le llama para decirle que en un viaje de negocios conoció a una bella joven francesa, y que da por finalizada su relación. Decidida a recuperarlo, Kate vence su miedo a volar y va en busca del que fuera su prometido. En Francia, el bolso de Kate es robado y junto con él, su dinero y pasaporte. Imposibilitada para volver a su país, Kate se encuentra en medio de la calle: sin nacionalidad, sin dinero, sin un lugar para pasar la noche. Es entonces cuando se da cuenta de que a pesar de que toda su vida se había protegido para evitar que le sucediera algo así, es imposible tener el control de todo. Kate tuvo que dejar atrás creencias absurdas y empezar de cero en un nuevo país.

Empezar de cero no es fácil, hay que vencer muchos miedos y abandonar creencias absurdas. Alguna vez me vi como Kate: sin ahorros, sin haber concluido mis estudios universitarios, en pocas palabras: sin futuro. Quizá, la única diferencia con Kate era que afortunadamente no tenía problemas con mi nacionalidad. Puedo decir que, a pesar de que en su momento fue doloroso, estoy segura de que divorciarme ha sido muy positivo en mi vida.

Empezar de cero es posible. Nadie dice que sea fácil, pero se puede. Hay que empezar por vencer el miedo y sacudirnos las creencias de que no podemos cambiar. Algunas veces, puedes planear algunos de los cambios y prepararte, como es el caso de quienes deciden independizarse y montar su propio negocio. En otros casos, el cambio es repentino e imprevisto como cuando sufrimos un recorte en una empresa. Lo cierto que es que a lo largo de nuestra vida muchas veces nos veremos obligados a empezar de cero, a aprender de nuestros errores, a improvisar y reinventarnos.

En términos de volver a empezar, lo ideal es quitarte todo aquello que te limita. Quítate de la cabeza (claro, es más fácil decirlo que hacerlo) las ideas de que estás muy alto, flaca, vieja, gordo, de que no tienes suficiente tiempo, dinero o ambos. Las creencias negativas sobre nosotros mismos, no sirven.

Lo peor que nos puede pasar después de una ruptura o divorcio es que cuando entablemos una nueva relación vivamos el mismo infierno, pero con diferente diablo. La parte positiva de terminar una relación es que nos ayuda a crecer, sería una pena dejarla a un lado y no madurar en las relaciones. Si logramos empezar de cero y soltar aquello que nos limita, será un gran paso hacia el éxito en lo que emprendamos.

Lo que tú no hagas por ti nadie más lo hará.
Entre más pronto lo entiendas, mejor

Ante una situación difícil, recibimos apoyo de nuestra familia y amigos. Sin embargo, hay ciertas cosas que nadie puede hacer por ti. Uno de los errores que cometemos con relativa frecuencia es creer que otras personas pueden resolver tus problemas. Pueden ayudarte, pero la voluntad de resolverlos y salir adelante es tuya.

El proceso de una ruptura, de sanar las heridas, de empezar una nueva vida, de aprender a sentirte bien contigo mismo es algo que nadie puede hacer por ti. Por supuesto que amigos y familiares te apoyarán para que puedas estar bien nuevamente, pero el esfuerzo de levantarte te corresponde sólo a ti. Pueden ayudarte a conseguir un trabajo, pero el desempeño en ese empleo es cosa tuya.

Aprender a organizar tu tiempo, a estar en buenos términos con el proceso, buscar actividades, es algo que sólo depende de ti. Quizá nos gustaría que quienes nos rodean cambien sus planes para ajustarse a nuestra nueva situación, pero es algo que no van a hacer siempre. Cómo vas a pasar los fines de semana y los fines de año, así como cuánto puedes gastar, son cosas que te corresponde determinar.

Cuando Clara se separó de su pareja después de once años de vivir en unión libre, a su padre le preocupaba que saliera sola por la noche, le insistía en que pidiera que pasaran por ella. Clara se negó. Sabía que sus amigos pasarían a recogerla un par de veces, pero después la complicación haría que se alejaran de ella. Empezó a manejar a los lugares que tenía que ir, fuera de día o de noche. Con el tiempo, su padre aceptó su nueva situación. Si sale con alguna amiga, ambas están pendientes de la otra y llaman en cuanto llegan a casa. Si está cansada, toma un taxi. Muchas veces algún amigo pasa por ella, pero no depende de eso para ir adondequiera o tenga que ir.

Pasar de "divorciado destrozado" a "felizmente divorciado", o de "corazón destrozado" a "corazón feliz" es posible. Depende únicamente de tu actitud y las ganas que le eches al proceso. La decisión es tuya: puedes elegir seguir lamentándote de tu mala suerte, o decidir emprender otro camino.

Moretones en el alma

Cuando alguien sufre un accidente o es víctima de la violencia, las consecuencias físicas no se hacen esperar. Sabemos que éstas serán proporcionales al daño sufrido. En un pleito a golpes, alguno de los dos saldrá con un ojo morado; si nos caemos de unas escaleras pues casi seguramente saldremos con raspones y algún hueso roto. Cuando vemos a alguien lastimado, nos damos cuenta de que le duele y tratamos de hacer su proceso de recuperación más agradable y de demostrar cuánto nos importa y preocupa su salud. Por eso vamos a visitar al enfermo con revistas, flores o lo que sea para hacerlo sentir mejor.

El sufrimiento, aunque ajeno, es doloroso de ver; por eso sentimos empatía por la persona que sufre, aunque ni siquiera la conozcamos. Nosotros mismos, cuando tenemos un dolor físico, nos movemos con cuidado para evitarlo. Nos damos cuenta de que estamos mal y actuamos en consecuencia. A nadie en su sano juicio se le ocurriría correr un maratón después de salir del hospital. Sabemos que nuestro cuerpo necesita tiempo para sanar y se lo damos.

Hay otro tipo de golpes, los del alma. No se pueden ver físicamente, pero causan dolores inmensos. Paradójicamente, con los golpes del alma no actuamos como con los golpes físicos. Sería maravilloso que estos golpes emocionales fueran visibles para poder cuidarnos, cuidar a los demás y medir la repercusión que nuestras palabras o actitudes tienen en otros. Si dos personas se lían a golpes, el que dejó al otro con un ojo morado se da cuenta de la fuerza e impacto de su golpe; entonces, puede pedir perdón y hacer algo para remediar la situación.

Cuando dos personas se pelean a gritos, también se lastiman y mucho, aunque no se toquen. Unas palabras hirientes pueden causar años de dolor y tener consecuencias mil veces peores y más perdurables que un ojo morado, pero como no las podemos ver, a veces ni cuenta nos damos de cómo hemos lastimado al otro, y por lo mismo no hacemos nada para remediar el daño que causamos.

Si notas que se te empieza a infectar una herida, corres al doctor y tomas con diligencia la medicina para evitar consecuencias peores como la gangrena. En cambio, cuando se empieza a infectar una relación, no lo vemos o preferimos ignorarlo, en algunos casos hasta que ya es muy tarde, y viene la separación.

Tampoco podemos ver cuán lastimados estamos nosotros mismos

emocionalmente. Alejandra se divorció hace poco. Fue un proceso repentino y traumático. Después de tres años de lo que ella consideraba un feliz matrimonio, su marido la dejó por otra, de un día para otro y sin decir agua va. Emocionalmente, para Alejandra fue como si la hubieran atropellado. Si sus heridas emocionales se pudieran ver, estaría en terapia intensiva de algún hospital. Nadie le diría: "Tienes que salir, tienes que hacer tu vida normal y olvidarte del suceso". Si lo hiciera, sus familiares y amigos se lo impedirían. Le rogarían que se cuidase y que esperara a que sanasen sus heridas. Todos estarían pendientes de ella hasta su recuperación. Pero como los golpes del alma no se ven, no todos sus amigos y familiares se preocuparon mucho por ella. Peor aún, algunos trataron de minimizar la situación diciendo que son cosas que suceden y que pronto podría rehacer su vida. La misma Alejandra no reconoció la gravedad de su golpe. En vez de darse cuenta de su atropellón emocional y cuidarse, se creyó lista para otra relación. Así que a los dos meses del suceso nos presentó a su nuevo novio. Como se podrán imaginar, esa relación fue un desastre y terminó en unos meses. Hasta entonces Ale reconoció su error y buscó ayuda profesional.

La violencia es fácil de ver. Vivimos rodeados por ella. Oímos de muertos, asesinatos, guerras y desgracias todo el tiempo. En parte por estar saturados de ella y en parte para evitar sufrir, nos hemos vuelto indiferentes a la misma. Estamos tan acostumbrados a la violencia verbal que hemos dejado de percibirla. Muchas veces no medimos el alcance de nuestras palabras y acciones. Asimismo, nos hemos vuelto ciegos al dolor ajeno e ignoramos a nuestros amigos o familiares que pasan un momento difícil y necesitan nuestro cuidado. Es una ceguera peligrosa porque quien está pasándola mal no se olvida de cuán lejanos estuvimos cuando más nos necesitaba y, como consecuencia, la relación se enfría.

Los cuatro acuerdos, de don Miguel Ruiz, ha permanecido en la lista de best sellers del *New York Times* por muchos años. El autor revela la fuente de esas creencias limitantes que nos roban la alegría y crean un sufrimiento innecesario: "Todo lo que hacemos se basa en los acuerdos que hemos hecho: acuerdos con nosotros mismos, con los demás, con Dios, con la vida. Pero los más importantes son los que hacemos con nosotros mismos. En estos acuerdos nos decimos a nosotros mismos qué somos, cómo comportarnos, lo que es posible, lo que es imposible. Tenemos muchos acuerdos que surgen del miedo, agotan nuestra energía y disminuyen nuestra autoestima".

Según don Miguel Ruiz cuando estamos dispuestos a cambiar estos acuerdos, hay cuatro acuerdos engañosamente simples, pero potentes, que podemos adoptar:

1. Sé impecable con tus palabras.
2. No te tomes nada personalmente.
3. No hagas suposiciones.
4. Haz siempre tu máximo esfuerzo.

Hay que tatuarlo en el cerebro: el divorcio no es un fracaso

Existe la creencia generalizada de que un divorcio es un fracaso, que el hecho de terminar una relación implica que estamos mal o que hicimos algo para hacerla fracasar. Creo que muchos hemos escuchado esto, y comparto el rechazo a una idea tan enojosa. Divorciarse no es fracasar. Además, sería conveniente redefinir qué es un fracaso, porque si pensamos que quedarnos en una mala relación o una llena de abusos es un éxito, es el momento indicado para salir corriendo a buscar ayuda profesional.

Un día, mientras limpiaba un clóset, entre varias revistas viejas me llamó la atención una portada, era una edición especial de San Valentín y varias de las parejas que aparecían ahí hoy ya tienen otra vida. En un reportaje, una famosa "pareja de oro de Hollywood" era toda sonrisas; hoy son historia. En círculos que nada tienen que ver con el glamour hollywoodense, la historia de Chris Martin y Gwyneth Paltrow se repite con mayor frecuencia de la que pensamos. Se calcula que en países desarrollados uno de cada dos matrimonios terminará en divorcio, mientras que en México, de acuerdo con el INEGI, diecisiete de cada cien matrimonios terminará en divorcio (datos de 2012). Esto representa un gran aumento en relación con 1980 cuando las cifras eran cuatro divorcios en cien matrimonios, en treinta años la cifra se ha cuadruplicado y la tendencia va en aumento. Dejando a un lado los números, la pregunta del millón es: ¿podemos asumir que los que no se han divorciado están felizmente casados? Tristemente, no. Que las otras siete parejas sigan casadas no necesariamente quiere decir que sean felices y la relación esté funcionando.

Estoy convencida de que el mejor estado del ser humano es vivir en pareja, pero también creo que conservar una relación destructiva es algo parecido al infierno. Cuando vivimos una relación de pareja positiva y se puede formar un "equipo de vida", la vida se vuelve más fácil, placentera. Cada uno ayuda al otro a sacar lo mejor de sí mismo y se llevan mejor los altibajos normales de la relación; pero cuando la relación contribuye a que salga a la luz nuestra parte oscura, ahí sí que "nos agarren confesados", porque se genera un daño inmenso. Tu media naranja es más bien tu "media navaja" o tu medio limón.

Las razones por las que nos divorciamos son tan variadas como las que tenemos para casarnos, cada caso es diferente, pero lo que sí es un hecho común es que el divorcio es un proceso difícil y doloroso. No es la decisión que quisiéramos pero llegado a un cierto punto es lo más sano. Antaño, el divorcio era un tabú y una mujer divorciada y sus hijos eran mal vistos por la sociedad. Hoy, aunque parte de esos estigmas persisten, una mujer u hombre que se divorcia tiene más opciones de salir adelante y rehacer su vida. Insisto, por difícil y dolorosa que sea una ruptura, es mucho peor aferrarse a una relación enferma.

Mi amiga Valentina me escribió un largo mail el otro día, contándome de su divorcio. Su caso no tiene mucho de particular: conoció a su exmarido en el trabajo; ambos estaban terminando otras relaciones, se hicieron amigos y luego empezaron a salir. Como tantas parejas, se casaron después de un tiempo de conocerse, y al año y pico de casados nació su preciosa hijita. Pero esa relación que al principio parecía tan maravillosa se deterioró rápidamente. No hubo terceros involucrados ni un evento extraordinario que justificaran lo anterior. Los dos son buenas personas y siguen siéndolo después del divorcio. Es sólo que no supieron comunicarse y se fue la magia de su relación. Se dieron cuenta de que no podían seguir juntos, y civilizadamente, después de un periodo de terapia, vieron que ya no había nada que hacer y decidieron divorciarse. Valentina me contó sobre sus sentimientos encontrados, ya que por un lado tiene miedo del futuro pero por otra parte tiene de la certeza de que no quiere, ni puede, volver a vivir como antes. Me habló de la culpa que siente ante su hijita por haber tomado esa decisión y de cómo sufre cuando se pregunta si en las escuelas los hijos de divorciados seguirán siendo "bichos raros" como en las épocas en que ella estaba en la escuela. "Y lo que te falta", pensé al escucharla.

Quienes hemos pasado un divorcio podemos entender muy bien a Valentina. Sabemos que es un trago muy amargo. Recordé lo difícil que fue también para mí el proceso, la soledad que sentí, lo difícil de los cambios y, de remate, las complicaciones de la parte legal. En fin, me identifiqué con cada palabra que escribió Valentina, pero sobre todo con una frase: "Mi mamá me dijo que esto del divorcio es un fracaso y yo estoy totalmente en desacuerdo. Más bien considero un fracaso compartir tu vida con alguien con quien eres incompatible y, por consiguiente, ni lo haces ni te hace feliz. Vaya, eso sí que es un fracaso". Y estoy de acuerdo: divorciarse no es fracasar. Es poner fin a una historia de amor que no funcionó por las razones que sean. Nada más.

A veces, cuando escucho a las personas mayores (y otras no tanto) me pregunto si creen que tener un buen matrimonio es cosa de la buena suerte. Sobre todo cuando escucho frases como: "Oye, este Fulano salió muy buen marido; qué suerte de Zutanita". Como si Zutanita se lo hubiera sacado en una rifa y ninguno de los dos se esforzara por mantener viva su relación. Una buena relación no es producto de la suerte, sino de un acto de voluntad de sus integrantes.

Para recapitular: el divorcio no es un fracaso, sino el final de una historia. Desde luego que no queremos que el matrimonio acabe en divorcio. Tal como ocurre al iniciar cualquier empresa en nuestra vida, queremos que sea un éxito y hay que luchar para que lo sea. Pero cuando no lo es y ya no hay nada que hacer, tengamos el valor de admitir que terminó y salgamos de ahí. Cuesta mucho trabajo tomar la decisión de divorciarnos. Nos detienen mil razones: el miedo al cambio, cuestiones económicas, la tranquilidad de los hijos. Todas son razones válidas, pero si ninguna es lo bastante válida para casarte con alguien, tampoco lo es para seguir casado. El divorcio no es un fracaso; quedarte atorado en una mala relación, sí.

Algunas veces, el camino al éxito está plagado de contratiempos, baches y caídas, que, paradójicamente, es lo mejor que nos puede suceder. Sin embargo, nos cuesta ver las dificultades como oportunidades para crecer.

En el Hay Festival de Xalapa, escuché decir a Irvine Welsh —el autor de *Trainspotting*— que hace un tiempo que el fracaso le parecía más interesante que el éxito, debido a las grandes lecciones que encierra. Tuve la suerte de hablar con él unos minutos y profundizar en el tema. De acuerdo con Welsh, si tienes éxito sólo piensas en tus cualidades y en las personas que te ayudaron a llegar hasta ahí, pero no aprendes mucho más:

> El fracaso es más interesante, ya que tienes que ver por qué has fallado. Y tienes que mirarlo porque no quieres fallar de la misma manera. Si no revisas los fracasos, te conviertes en un ser humano que está atorado, estancado.

Para el autor de *Skagboys*, la definición de fracaso es la falta de aprendizaje de tus errores:

> Para mí, ser un fracaso en la vida sería algo así como ser un adicto a las drogas o una especie de adúltero serial. Ya sabes, alguien que está haciendo lo mismo una y otra vez y no ha aprendido nada de todo lo que ha pasado. Ser un fracaso en términos de trabajo sería escribir el mismo tipo de libro que no funciona —por la razón que sea— y no aprender de esto.

Pienso que ahí está la clave: en el aprendizaje. El hecho de que las cosas no salgan como queremos no garantiza que aprendamos; eso depende de cada uno. Bien lo dijo Albert Einstein, con palabras similares, que la definición de locura es hacer lo mismo y pensar que obtendremos resultados diferentes. Lo más difícil es recuperar la confianza en tu capacidad para establecer nuevas relaciones o en lo conveniente del proyecto. Es difícil saber cuándo es el momento de abandonar un proyecto o una relación. Según Welsh, hay que aprender a ver las cosas con tus propios ojos, sin importar lo que opinen los demás:

> Debes tener un entendimiento intrínseco de qué es lo que quieres lograr en términos de tus propias metas, lo que quieres, tus objetivos. Si has cumplido con esto, entonces es exitoso de la manera más satisfactoria, pero si no has cumplido con tus metas, entonces tienes que revisar por qué fracasaste […] la vida es un fracaso. Todos envejecemos y morimos. Pero creo que puedes fracasar grandiosamente en algo pequeño hasta que te vuelvas un experto

en aquello que intentaste. Así entras a la escalera del éxito y la vas subiendo peldaño a peldaño.

Supongo que también hay muchas lecciones en el éxito que podemos aprender cuando conseguimos nuestras metas. Eso sí, no hay que perder de vista lo que es común en todas las historias de éxito: paciencia, desvelos, rechazos, portazos en la cara, perseverancia y el logro de levantarse después de una caída.

2 De pareja a expareja

Triste espectáculo el de un amor roído por la amargura. Todo tiene un fin, se trata de saber reconocerlo y aceptarlo.

ALEJANDRO JODOROWSKY

No es fácil adaptarnos a los cambios, además de que les tememos. Pasar de un estado civil a otro, en caso de que hayas estado casado, o de pareja a expareja si no lo estabas, es complicado. Saber reconocer y aceptar que la relación llegó a su fin, no es asunto fácil, como dice Jodorowsky. Hay quienes se quedan en la fantasía de que van a volver, tratan de convencerse de que es una etapa que superarán pronto, lo justifican diciendo que es típico de las crisis de la edad madura y que seguramente dejará a esa mujer para volver contigo; piensan que es una locura temporal que pasará; y la peor fantasía de todas: no importa que te diga y demuestre otra cosa, la realidad es que te ama a ti (aunque te haya pedido el divorcio para casarse con otra persona). Si bien parecen situaciones cómicas, más bien son trágicas, ya que si no aceptamos la realidad, no podemos vivir el duelo y dar vuelta a la página.

Lo sabes pero no lo sientes

"Vas a estar bien, créemelo, es temporal. Además, hace mucho tiempo que no estabas nada contenta en la relación. Tú misma me lo dijiste

41

varias veces. ¿Te acuerdas? Sé que te duele, pero créeme que vas a estar bien." Palabras más, palabras menos, un discurso así le repitió varias veces Rosa a su hermana Diana cuando se divorció. Diana asentía con expresión ausente al tiempo que movía la cabeza de un lado a otro. Escuchaba a su hermana, entendía las palabras que decía, sabía que tenía razón, era verdad que desde hacía mucho tiempo que ya no estaba contenta en la relación. A pesar de entenderlo, no podía tener la certeza de que estaría bien después de su divorcio.

Recuerdo que cuando hace unos años me tocó un recorte, Verónica, una amiga arquitecta, me decía: "De verdad que es una buena noticia, es justo lo que necesitas para un cambio. Es como una patada que te da el universo para que llegues a donde debes estar. Vas a estar mucho mejor". Sabía que tenía razón. Desde hacía ya un buen rato que tenía ganas de hacer otras cosas, sabía que los cambios suelen ser positivos, pero, en ese momento, a pesar de entender que Verónica tenía razón, no podía sentir esa tranquilidad o la confianza de que todo era para bien. Lo mismo le sucedía a Diana.

Hay cosas que sabemos, entendemos, pero que a pesar de tener el conocimiento intelectual del problema, el corazón no siente lo mismo. La incertidumbre nos carcome, tenemos miles de preguntas sin respuesta. ¿Cómo será nuestro nuevo "día a día"? ¿Cómo resolveremos las necesidades básicas y cómo, cuándo y dónde podremos empezar nuestro nuevo proyecto? ¿Volveremos a ser felices o a enamorarnos? Con tantas interrogantes es muy difícil que podamos llegar a sentir la confianza necesaria para llevar a cabo nuestros planes.

Hay una comprensión intelectual, que nos permite ver lo que es conveniente, algo así como los beneficios de una vacuna. Entendemos que el piquete va a doler, pero que sería mucho peor contraer la enfermedad. Por eso nos vacunamos y vacunamos a nuestros hijos. De alguna manera es más fácil saber: es posible adquirir conocimiento en libros, universidades, escuelas y hasta en internet. Pero sentir, tener esa certeza interna es mucho más complicado y subjetivo. Si buscamos ejemplos históricos para saber que después de una crisis estaremos bien, seguramente encontraremos muchísimos. Estados Unidos se recuperó después de la crisis de Wall Street en el siglo XX y se está recuperando —aunque lentamente— de la del siglo XXI. Muchas ciudades en el planeta se han levantado después de haber sido terriblemente devastadas. Basta ver fotos de Hiroshima y Nagasaki, por ejemplo, en las que pocos vestigios han quedado de la época anterior a la bomba atómica, o tantas otras que son destruidas por desastres naturales y vuelven a levantarse en unos años. Si miramos a nuestro alrededor veremos a muchas personas que han superado rupturas amorosas y encontrado el amor. Definitivamente el problema no es el conocimiento, sino que no lo sentimos.

Afortunadamente, con el tiempo vamos adquiriendo esta certeza. Los procesos no son fáciles, toman un tiempo de ajuste, pero si asumimos la responsabilidad de nuestros actos y decisiones, y dejamos de echar culpas a nuestras exparejas, jefes, amigos, colegas, seremos capaces de ver que depende de nosotros salir adelante. Como dice Manuel Portela, autor de *Sabiduría para tiempos difíciles*, hay que perdonarse a uno mismo. Hay un duelo que hay que vivir y está bien, para eso tenemos nuestras emociones. El problema es cuando el duelo o esa sensación de incertidumbre, se prolonga durante mucho tiempo y nos quedamos "atorados" en la situación".

Para Manuel Portela, autor de *Sabiduría para tiempos difíciles*, es muy importante que nos preguntemos el porqué de la ruptura (o por qué perdimos el empleo), ya que finalmente todo lo que vivimos afuera es un reflejo de lo que hay dentro de nosotros. Tu vida es el reflejo de tu corazón, por lo tanto tienes que preguntarte: ¿Qué me hecho yo a mí mismo para vivir en esta situación?, en vez de poner la culpa o la energía en la otra persona, pues así no vas a llegar a ningún lugar, porque no te estás responsabilizando de tus acciones.

Cuesta trabajo, pero sí podemos llegar a ese lugar en donde sabemos y sentimos (tenemos la certeza) que estaremos bien. Eso sí, no llegará solo, en la mayoría de los casos hay que chambearle.

Manuel Portela es escritor y conferencista internacional, además de formador en programación neurolingüística aplicada a la educación y capacitador en *business coaching, life coaching* y *coaching* deportivo. Es autor de *Los mensajes del corazón*.

Corazón roto notificado

La única manera de amar algo es el darnos cuenta de que podemos perderlo.
G. K. CHESTERTON

François de La Rochefoucauld, el aristócrata y militar francés, solía decir que: "No hay disfraz que pueda ocultar por largo tiempo el amor donde lo hay, ni fingirlo donde no lo hay". Es una realidad que los sentimientos, o la falta de ellos, nos rebasan y acaban siendo evidentes para quienes nos rodean. El problema está en que cuando las cosas no van bien en una relación, a pesar de que existan miles de señales, como duelen tanto, preferimos ignorarlas, o pensar que estamos en una mala racha que pasará pronto. Generalmente sacamos de la manga un sinfín de justificaciones, para no ver que la relación está enferma de gravedad y que, muy probablemente, llegue pronto a su fin. Otras veces dejamos las cosas en un limbo sentimental del cual no queremos salir. Preferimos perpetuar la mala relación indefinidamente a darnos cuenta de que a pesar de que vivamos juntos o siga existiendo un contrato, el amor ya no está ahí. Tristemente, preferimos vivir con la espada de Damocles sobre nuestras cabezas, sin saber cuándo se va a terminar la relación, tratando de leer cada acto o palabra como una señal de que las cosas mejorarán, lo cual es una auténtica pesadilla.

Entender que una relación llegó a su fin no es cosa fácil para los interesados, a pesar de que para los demás sea tan claro como el agua. Hay muchas palabras, recuerdos, momentos que sólo ellos conocen, que forman parte de la historia y que son muy difíciles de abandonar. Además, cualquiera que haya tenido el corazón roto una vez no quiere volver a pasar por lo mismo: es imposible pensar, dormir o comer. Ni las peores canciones de desamor brindan consuelo, las lágrimas parecen no tener fin. Nos sentimos diezmados, incompletos, sin rumbo. En esos momentos, lo único que podemos ver es nuestra terrible soledad. Si sabemos que una ruptura nos va a causar tanto dolor, tratamos de evadir el fin de la relación a toda costa.

Lupe conoció a Santiago y fue un flechazo, pronto se fueron a vivir juntos. En un principio las cosas iban bien, pero se fueron deteriorando. Desde hace tiempo es evidente que el amor abandonó la relación, pero aun así Lupe no puede entender que perpetuar la agonía no va a sanar la relación. Prefiere aguantar mentiras y malos tratos que ponerle un fin. Día tras día, Lupe recibe de Santiago miles de señales de que ya no hay amor, sin embargo, no se da por aludida.

En muchos casos, tristemente, junto con el amor se van también el respeto, el cariño y la admiración mutua. Es muy difícil aceptar que los pleitos, discusiones, faltas de respeto han reemplazado las miradas, las palabras cariñosas y el apoyo. Nuestro cuerpo lo sabe. En vez de mariposas en el estómago tenemos una sensación de vacío y angustia. El desamor tiene un sabor amargo que a nadie le gusta probar. Sin embargo, no podemos obligar a los demás a que nos amen, de la misma forma que nadie nos puede obligar a que lo amemos. Cuando el amor se acabó no hay mucho que podamos hacer. Cierto, podemos fingir que nada pasa, pero eso no va a modificar la situación. Paradójicamente, no hay nada peor que vivir en el desamor. Es un infierno. Por doloroso que sea el truene, es mucho más conveniente y sano aceptar que la relación terminó.

Nadie se salva del dolor del rechazo (a excepción de los ignorantes o los tontos). Es innegable. Sin embargo, a pesar de que en ese momento no podamos verlo, el que nos notifiquen el fin de una relación y que nuestro corazón esté oficialmente roto es un acto de bondad y de cariño, por absurdo que parezca. "Es mucho mejor tener el corazón roto notificado, que vivir en la incertidumbre", me dijo sabiamente un día mi amigo José Benegas. En cualquier situación es mejor saber qué terreno pisamos. En el sentimental es doblemente importante.

Algunas veces seremos nosotros quienes debamos notificar al otro el fin de una relación; otras, seremos notificados y algunas veces, ante una situación indefinida en la que no hay respuesta, tendremos que darnos por notificados y poner fin a la incertidumbre. A pesar de que la relación termine y sea doloroso sabemos que siempre nos dejará un aprendizaje positivo. Citando a Tennyson: "Es mejor haber amado y perder; que jamás haber amado". Si podemos acallar el miedo y el dolor, en el fondo de nuestro corazón sabemos que con el tiempo estaremos bien y que no tiene caso pensar en lo que fue y lo que tuvimos, sino a dónde queremos ir. Cuando logramos hacerlo, poco a poco vemos las cosas mejor, los días son más brillantes. Gracias a la notificación, podemos volver a empezar. Sin duda es mejor tener el corazón roto notificado que perpetuar la agonía.

El duelo

La relación terminó y en tu cabeza suena una melodía triste. No importa si fuiste tú quien decidió terminar la relación, como dice la canción "Me cuesta tanto olvidarte" del grupo español Mecano: "Aunque fui yo quien decidió que ya no más, y no me cansé de jurarte que no habrá segunda parte, me cuesta tanto olvidarte". (Hay otra canción buenísima para llorar por los amores perdidos de Demian Rice: ""The Blower's Daughter", aunque para estas situaciones cada quien tiene la suya.) Lo cierto es que recordar la relación duele, visitar lugares a los que solías ir con tu pareja duele, todo duele.

De acuerdo con los expertos el duelo es un proceso en el que nos adaptamos a la pérdida y tiene sus etapas. No queda más que aceptarlo y vivirlo, sabiendo que eventualmente pasará y esos recuerdos serán cada vez más infrecuentes y menos dolorosos.

Cada quien vive de modo diferente un proceso de duelo, dependiendo de la relación, la duración de la misma y las razones de la ruptura. No hay una regla matemática que pueda determinar su duración. Hay quienes dicen que debe durar una semana por mes que duró la relación; yo no lo creo. No es tan sencillo y como cada persona es diferente y cada relación es distinta es imposible generalizar. Si decides regodearte en el dolor, visitar los lugares a los que iban juntos, pasar horas viendo las fotografías de los tiempos felices y pasar horas atormentándote (y atormentando a tus amigos y familiares) con la pregunta de "¿qué fue lo que pasó?" el proceso puede ser mucho más largo y doloroso.

También depende de la voluntad de cada persona. Quienes tienden y gustan de sentirse víctimas, probablemente se queden un largo periodo en el duelo. Habrá quienes minimicen el proceso y el duelo se tramite meses después de la ruptura. Hace unos años escribí sobre la regla de los tres meses que explica las diferentes maneras de vivir un duelo.

Después de varios meses con Dulcinea, Sancho decidió terminar la relación. Sí, la chava le gusta y la quiere, pero siente que algo falta y que sus celos y manías sobran. Se siente atrapado y le falta "aire". Sancho invita a cenar a Dulcinea. Sabe, por experiencias previas, que es mejor hablar de estos temas en lugares públicos. Se comporta algo distante en la cena y después del postre le suelta el clásico rollo de "no eres tú, soy yo" (que todos sabemos lo que en realidad significa: "eres tú, no yo"). La relación termina. Antes de cerrar la puerta de su casa, Dulcinea empieza a llorar y llama a sus amigas. Los berridos y llamadas se prolongarán por varios días más. El duelo por la pérdida de su Sancho es inmediato, hay que llorar todo lo que se pueda. No quiere salir de su casa. Se pregunta qué fue lo que pasó y elabora complicadas teorías con sus amigas que generalmente concluyen en el miedo de Sancho al compromiso. La idea de salir con otro no existe. Punto. Con el tiempo (imposible predecir cuánto pero, como dice Vero Maza, el tiempo de recuperación es considerablemente menor después de varios truenes), el llanto termina. Sancho deja de ser importante y decide que está lista para conocer a alguien más. Llama a sus amigas para salir. Inicia la etapa del destrampe.

En teoría, Sancho debería hacer lo mismo, pero no es así. De acuerdo con mi amigo Juan Alberto, a los hombres tarda mucho más tiempo en caerles el veinte y en reconocer el truene. Él piensa que las mujeres son más maduras para estas cosas. "Somos muchos los que a los cuarenta no estamos pensando en sentar cabeza ni estamos dispuestos a dar nuestro bracito a torcer. Mientras que nosotros vamos, mujeres de la misma edad ya vienen de regreso, van por el segundo marido." Juan denomina esta tardanza de reconocer el fin de una relación "la regla de los tres meses", pero no es muy exacto porque algunos despistados se tardan hasta un año.

Sancho no llama a todos sus amigos el día que tronó para llorar, los llama al día siguiente, pero para organizar planes y, de preferencia, con otras chavas. No da explicaciones ni elabora teorías de por qué mandó a volar a Dulcinea; sus amigos tampoco preguntan. No está triste, se siente aliviado. Entra de lleno a la etapa del destrampe. Conforme pasa el tiempo, la realidad se cuela y le empieza a caer el veinte del fin de la relación. Se siente solo. Empieza a extrañar a Dulcinea, la dinámica de la relación, el sexo. Extraña hasta sus celos y manías. Entonces viene la pregunta: "¿Qué me pasó? ¿Por qué la dejé si era tan buena?". Algunos Sanchos tal vez lleguen hasta la idealización: "Era maravillosa, era una diosa, y yo soy un idiota por perderla". Se siente triste y angustiado y es entonces cuando la idea de volver ronda por su cabeza: "¿La llamaré?".

En historias del amor no hay nada escrito. Supongo que la mayoría de las Dulcineas han recibido llamadas a horas inconvenientes de Sanchos medio borrachos y muy arrepentidos. Los resultados de las llamadas son diversos. Habrá Dulcineas que perdonen y vuelvan a los brazos de su Sancho para ser felices; otras que ni siquiera tomen la llamada; y algunas que no sabrán ni quién las llama, porque hace mucho que borraron ese teléfono de su celular. De acuerdo con la teoría de Juan Alberto, si aguantas y no llamas por otros tres meses estarás completamente liberado de la relación que no funcionaba. Eso sí, enfatiza que si la Dulcinea realmente te interesa y la cortaste en un momento de ofuscación, no debes dejar que pase el tiempo. En cuestión de horas tienes que pedir perdón arrepentido, de rodillas, con flores, cartas, mariachis y lo que se te ocurra.

El duelo no tiene que durar lo mismo que el de tu ex. Si él o ella finalizan antes o lo evitan, buscan otra pareja bajo la teoría de que un clavo saca a otro clavo, ése no es tu problema. Tú tienes que vivir tu proceso a tu modo y en tus tiempos.

Independientemente del tiempo que tome el proceso, sabemos que estaremos bien. Para quienes no se trata de su primera ruptura sentimental, han aprendido que con el tiempo es posible recuperarnos, volver a confiar y eventualmente volver a amar. Mientras eso sucede, no queda más que aceptar el proceso y vivir cada una de sus etapas.

Etapas del duelo

Dolor-negación

"¡Esto no puede estar pasando!" "¡Es temporal!" "¡Me ama, recapacitará y volveremos!" ¿Te suenan familiares estas frases? Estás en la primera etapa del duelo. El duelo empieza con gran dolor y negación. No queremos admitir la pérdida. Nos cuesta ver la realidad. No creemos que esto pueda estar sucediendo, que después de tantos planes y promesas de amor, la relación se haya roto. Piensas que es temporal, que tarde o temprano (y verdaderamente deseamos que sea temprano) se arrepentirá de haber tomado tan insensata decisión, se arrepentirá y seguramente volverá a buscarte. Son momentos de mucho dolor y confusión. Nos es imposible aceptar que la relación terminó para siempre. Lloramos, nos deprimimos, recordamos lo bueno y lo no tan bueno, pero hay una ilusión de volver porque no podemos todavía aceptar la ruptura.

Sin embargo, las cosas son como son, no como queremos que sean. Lo anterior es tan lógico, sensato e infalible que debería ser piedra angular en nuestra conducta. Sin embargo, con frecuencia me veo a mí misma y a gente a mí alrededor en pleito con la realidad o, dicho en otras palabras, sin poder aceptar las consecuencias lógicas de nuestras elecciones. De alguna manera, es como entrar en una vida paralela en la cual nuestra percepción de lo que sucede no es congruente con lo que está pasando. Por supuesto que esta vida paralela no encaja con lo que otros ven y lo que la realidad muestra.

Esta forma de autoengaño sucede cuando elegimos culpar a otros de lo que está pasando en nuestra vida, en vez de tomar el "toro por los cuernos" y entender que estamos en esta situación a causa de nuestras decisiones. Nos peleamos con la realidad o entramos en ese mundo paralelo para evitar sentirnos fracasados o frustrados. Desafortunadamente, negar el problema no lo resuelve, por el contrario, nos condena a seguir en la misma situación de mediocridad. Lo mismo sucede con la ruptura, buscamos pretextos. Si así lo elegimos, podemos vivir en el autoengaño durante años, aunque en el fondo sabemos y no queremos aceptar que somos responsables de nuestra situación; también podemos evitar mentirnos a nosotros mismos y dejar de padecer una situación dolorosa.

Cuando la realidad de la ruptura se cuela, nos sentimos profundamente traicionados y enojados y pasamos a la segunda etapa.

Enojo o ira

La segunda etapa del duelo se caracteriza por el sentimiento incontrolable de ira hacia nuestra pareja. Aquí las frases son de indignación: ¿cómo pudo hacer tal cosa? ¡Desgraciado! ¡No puedo creer que haya sido capaz de dejarme a mí y a sus hijos por otra!

Estamos enojados, muy enojados y no podemos evitarlo. Probablemente, además, tengamos buenos motivos para el enojo, pero de la misma forma en que no podemos quedarnos estacionados en la primera etapa, vivir llenos de enojo y resentimiento sólo nos causará más daño. Generalmente el enojo o ira son claras señales que estamos avanzando en las etapas del duelo y que pronto llegaremos a la aceptación.

Aceptación

Es necesario enfrentarse con la realidad, reconciliarse con ella y aceptarla para poder cambiarla. Si no puedes cambiarla, entonces es menester tratar de vivir lo mejor posible con la realidad que te tocó. Para conseguirlo es necesario dejar de autoflagelarse y de sentirse víctima de las circunstancias. Porque en realidad somos víctimas de nosotros mismos y de nuestro engaño. Una cosa es que otros te mientan y otra muy diferente es que te mientas a ti mismo. ¿Qué es lo que estás ganando? En realidad nada, sólo una ilusión en la cual, en el fondo, ni tú mismo crees. Podemos contarnos mil cuentos, pero sabemos que son sólo eso, historias.

En algún momento, comenzamos a aceptar la separación. El dolor y el enojo se van desvaneciendo. Ya no estamos en un valle de lágrimas al recordar a nuestra expareja ni enfurecemos cuando la mencionan. Entendemos que los planes y los sueños se han roto y que hay que hacer otros. Empezamos a pensar en nosotros y en nuestra vida. Finalmente, estamos en la tercera etapa del duelo y ya vamos de salida.

Mi amigo Martín perdió su empleo debido a un recorte de personal en su empresa. Culpó a la crisis, a su jefe, a las políticas corporativas que, a su decir, eran crueles e insensibles. Sentía que era una víctima de la situación y estaba muy resentido. Por supuesto que buscaba trabajo con ganas de no encontrarlo. Finalmente, acudió a una terapia en donde se dio cuenta de que si bien la crisis y las malas políticas de la empresa eran reales, también lo era que su actitud en el empleo había sido deficiente. No era un empleado puntual ni tenía una buena relación con sus compañeros. Con frecuencia, no terminaba a tiempo el trabajo que le encargaban. Cuando pudo entender que su actitud era la verdadera culpable de su desempleo dejó de sentirse víctima. Comprendió que, si bien no podía cambiar lo que había pasado en su empleo anterior, sí podía modificar su actitud y echarle todas las ganas en su próximo trabajo. Se puso a buscar con mucho entusiasmo uno nuevo y lo encontró.

La ruptura de tu proyecto de vida

Cuando termina una relación termina también la vida y los proyectos en común. Desaparecen las ideas sobre envejecer juntos, las vacaciones en un lugar remoto, los planes para construir o comprar una casa. Todo. Una ruptura aniquila sueños, castillos en el aire, proyectos. En realidad, parte del duelo es por el fin de esas expectativas.

Cuando Amanda terminó una relación después dos años, cuenta que lo que más trabajo le costó fue dejar ir esos planes que tenían a futuro. Su entonces novio le hablaba siempre de vivir en África donde tendrían una casa con un jardín. Cuando puso fin a la relación, también puso fin a esos sueños y fue muy doloroso. Ella dice que había pasado horas hablando con él y otras muchas a su lado, pensando en su futura vida en África. Además del duelo por la relación, le costó mucho trabajo entender que ese proyecto (al menos con su ex) también había terminado.

Independientemente de cuál sea ese sueño o expectativa, ponerle fin es doloroso. Pero quizá no todos esos sueños estén perdidos, podemos realizarlos por nuestra parte; quizá no vamos a envejecer con esa persona, pero sí podemos ahorrar e ir a ese viaje de buceo que habíamos soñado y disfrutar de nuestra propia compañía.

Depositar esas expectativas en una futura pareja no es buena idea. Imagina que conoces a alguien y a la primera oportunidad le dices que quieres vivir en África... con él. No. Cada relación tendrá sus proyectos y sueños en común que no necesariamente se parecerán a los de otras, pero nada impide que los realicemos por nuestra cuenta.

No acosar, *stalkear*, rogar, suplicar. El cariño no puede forzarse

Hay quienes prefieren no saber nada de su expareja. Es suficiente con saber que está bien y la comunicación, si es necesaria, se limita a temas en común que no se han resuelto. Existen también quienes no pueden superar que la relación terminó y sueñan (lo acepten o no) que vuelven a los brazos de su ex. Los que se encuentran en esta categoría se convierten en detectives profesionales y buscan toda la información posible de su ex. La tecnología es gran aliada en estos casos: las redes sociales (Facebook, Twitter, Instagram, LinkedIn) y diversas páginas de sociales (y en las legales para saber si tiene algún juicio pendiente).

De todas las herramientas detectivescas, la más nociva es acosar a los hijos para que nos den un informe detallado de las actividades que realizaron el tiempo que estuvieron con el excónyuge y, en su caso, su nueva pareja. ¿Adónde fueron?, ¿quién le marcó?, ¿salió con alguien?, ¿se ve feliz?, ¿el inepto/la bruja los trató bien?, ¿cómo se sentaron?, ¿de qué hablaron?, ¿qué comieron? (y un larguísimo etcétera) son preguntas que nos tenemos que ahorrar y dejar que nuestros hijos nos cuenten lo que quieran.

Irene tenía la costumbre de revisar el Facebook de su exmarido todas las noches (sin faltar ninguna). Además, estaba pendiente de todo lo que hacía. Interrogaba a sus hermanas, amigos en común, su secretaria y a quien pudiera. No podía entender que su relación había terminado. Trataba de encontrar en las redes sociales algo de información de sus actividades, así sentía que estaban unidos. Una foto, una frase podía ser interpretada como el arrepentimiento de su exmarido. Lo cierto es que mientras Irene estaba atorada sin poder darle vuelta a la página, él estaba disfrutando la nueva etapa de su vida y no estaba ni remotamente arrepentido de la decisión.

Pasar horas revisando las redes sociales y jugando a Sherlock Holmes no nos ayuda en nada. En lo que tenemos que invertir el tiempo es en entender que esa parte de la vida de quien fue nuestra pareja está fuera de nuestro ámbito de control e incumbencia. Más aún, quizás entre menos sepamos de ella sea mejor. Lo único que debemos desearle a nuestro ex es que sea feliz en las elecciones de su nueva vida y en caso de tener hijos que estas elecciones no los afecten. Don Miguel Ruiz, autor de *Los cuatro acuerdos*, me dijo alguna vez que el querer a alguien es querer su felicidad aunque ésta sea con otra persona. Ouch. Por supuesto que es más fácil decirlo que hacerlo, pero por difícil que parezca es lo mejor, no sólo para él o ella sino también para nosotros.

Tratar de investigar lo que nuestra expareja siente por nosotros con nuestros amigos es peligroso. Nos metemos en un teléfono descompuesto donde una o varias personas interpretaron a su manera las palabras que nuestra expareja dijo cuando habló sobre nosotros. ¿Suena complicado? Lo es. Lo que nos están diciendo es lo que ellos entendieron o interpretaron de lo que él les dijo. Supongo que por esto han iniciado varias guerras. Mejor preguntar directamente y aceptar la respuesta.

El cariño es algo espontáneo. No puede forzarse. Se siente o no se siente. Hay una parte que no depende de nosotros, porque no podemos obligar a alguien que sienta lo que consideramos que debe sentir. Así como no podemos obligar a alguien que deje de amarnos, tampoco podemos obligar a alguien que vuelva a amarnos cuando ha dejado de hacerlo.

Podemos arrepentirnos, pedir perdón por el daño que causamos voluntaria o involuntariamente en una relación, explicar nuestras acciones y pedirle al otro que reconsidere su decisión de finalizar la relación. Hasta ahí. Su decisión está fuera de nuestro ámbito de control. También existe la posibilidad de que acepten nuestras disculpas y entiendan las razones de locura temporal bajo las que actuamos, pero a pesar de que sientan por nosotros un gran cariño ya no quieren compartir el resto de sus vidas con nosotros. Nuestros errores, grandes o minúsculos, tienen consecuencias. No hay nada que podamos hacer para evitarlas. Si ofendimos a alguien una vez o fue una cadena de insultos pequeños durante años y esa ofensa u ofensas terminaron con el amor, no podemos más que respetar su decisión.

Las relaciones intermitentes (terminamos, volvemos, terminamos pero volvemos otra vez) son generalmente muy dolorosas y negativas para ambos. Si bien es cierto que todo mundo se merece una segunda oportunidad y hay parejas que han podido resolver sus problemas después de una separación, también es cierto que la mayoría termina definitivamente después de un tiempo.

Hay parejas que necesitan volver para estar seguras que lo mejor es separarse y que dieron todo lo que podían dar a esa relación. A mí me parece muy válido mientras no se repita interminablemente la mecánica. Con una vez debería bastar para saber si podemos resolver nuestros problemas con la otra persona, o si, definitivamente, es mejor tomar caminos separados.

Es posible que haya cosas que nos sigan atrayendo de nuestra expareja, pero también es cierto que hay cosas que no van a modificarse y que nos seguirán molestando. Hay que recordar que son los "defectos" y no las cualidades de la persona que amamos los que nos hacen imposible convivir con ella. Un defecto puede opacar muchas cualidades. Digamos que no soportas las mentiras y tu pareja no es muy honesta: la relación tiene poco futuro. "Mi pareja es inteligente, culta, encantadora, trabajadora, bella, pero deshonesta (o peor aún, es un ladrón)". Esa última característica hace que las demás cualidades, aunque magníficas, carezcan de sentido.

No tienes que dar explicaciones

Somos adultos y no tenemos que dar explicaciones a otros de nuestras acciones. Cuando una pareja anuncia su separación surgen toda clase de comentarios, así se trate de una pareja de Hollywood o de tu prima. Todavía recuerdo los comentarios cuando Brad Pitt dejó a Jennifer Aniston por Angelina, que si eso no duraría, que cómo era posible. Muchos años después, siguen juntos y felices. Además de la falla en el pronóstico, como no son nuestros parientes, o familiares, no van a escuchar nuestra opinión, así que no tiene ningún caso pasar horas opinando sobre su vida, ni sobre la de nadie que no nos haya pedido consejo.

Lo mejor es comunicar la situación y ahorrarnos las palabras. El tratar de explicar o justificar una ruptura cuando apenas podemos asimilarla nosotros, nos lleva a decir cosas que no necesariamente sentimos, que no benefician ni dejan contento a nadie. Cuando escuchamos a alguien despotricando en contra de su expareja y dando información de más, lo mejor es cambiar el tema. Después de todo tenemos que recordar que, independientemente de las causas de la ruptura, un día nos enamoramos libremente de esa persona y por algo fue...

Rescata lo positivo del rompimiento:

- Haz una lista de las personas divorciadas que conoces. Y piensa si alguna de ellas dice estar infeliz y por qué.
- Trata de recordar cómo te sentías cuando las cosas ya no iban bien en la relación.
- Estás libre para algo mejor. Quizá por ahora no sepas ni entiendas que es lo *mejor*, pero ten fe en que eso *mejor* existe.

3 Honrar lo que un día tuvieron

Finalmente por algo se casaron o vivieron juntos...

Seamos honestos, nuestros sentimientos cambian. Podemos ilusionarnos con algo y con el tiempo puede llegar a aburrirnos. Podemos amar a alguien, pero ese amor puede terminarse y la relación que nos hizo tan felices convertirse en un tormento. Sin embargo, aunque hayamos borrado el principio, cuando la relación era luminosa y estábamos llenos de ilusiones, eso no quiere decir que no haya existido. Recordar lo positivo de la relación y las cualidades de la otra persona quizá parezca difícil cuando la ruptura es reciente, pero es posible.

Honrar significa "mostrar respeto, admiración y estima hacia una persona". En una segunda acepción: "reconocer o premiar las cualidades morales y la dignidad de una persona". Observa que en ningún momento dice amar... Podemos respetar y admirar a una persona, reconocer sus cualidades y dignidad aun cuando hayamos dejado de amarla.

Si verdaderamente fuimos maltratados en la relación, quizá sea difícil honrar a esa persona. Quizá lo más útil es acudir a una terapia para entender por qué escogimos a una pareja así y por qué decidimos seguir con ella en vez de mandarla a freír espárragos la primera vez que hubo un maltrato. Es importante entender qué pasó para evitar una relación similar en el futuro. ¿Estábamos buscando estabilidad?, ¿imagen paterna o materna? ¿Estábamos buscando un agresor para sentirnos víctimas?

El tiempo ayuda a que los sentimientos de dolor, tristeza y abandono pasen, y entonces es más fácil reconocer las cualidades de esa persona y de la relación. Puedes recordar los momentos positivos de la relación, las razones por las que te enamoraste y tomar una sana distancia. Muchas veces pensamos que contar los amargos secretos de nuestro ex nos aliviará la pena. Y puede ser, pero es una satisfacción temporal que puede tener efectos de bumerán. Claro, pensamos, se lo merece, "ese malvado me dejó por otra" o "esa mujer me quitó todo". Lo que ustedes quieran. Sin embargo, hablar mal de nuestra expareja, aunque digamos cosas ciertas, nos hace parecer ardidos en vez de dar la impresión de que estamos recuperándonos.

La realidad es que el tiempo pone las cosas en perspectiva y a la larga la venganza nos hará sentir mal. He tenido la oportunidad de entrevistar en dos ocasiones a Matthieu Ricard, conocido como "el hombre más feliz del mundo". Él está convencido de que la felicidad no puede surgir de una venganza. A continuación encontrarás unos fragmentos de esas conversaciones:

Nadie que actúe desde un sentimiento de odio puede ser feliz. A la larga, quien actúa así estará atormentado; a pesar de que momentáneamente sea feliz porque ha tenido éxito en su venganza, ha fracasado. Es un regocijo enfermo y efímero del que nunca podrá obtener una felicidad duradera. Por consiguiente, cultivar primordialmente el altruismo genera en el cerebro la actividad más poderosa en las áreas relacionadas con las emociones positivas y por supuesto es la mejor forma de relacionarnos con los demás, ya que nos relacionamos de manera benevolente. Es una situación de ganar-ganar.

De acuerdo con Ricard la felicidad va emparejada con el altruismo:

Me he convencido de que la felicidad va a la par con el altruismo. No puede existir una felicidad egoísta […] El altruismo, desde luego, es un aspecto de conducta, pero es fundamentalmente una intención y una motivación. La intención de hacer algo que es bueno para otros, que significa básicamente reducir su sufrimiento o aumentar su bienestar. Cuando la motivación es así, es altruista. Idealmente debes continuar con una acción y si es posible realizarla, debes hacerlo. Debe ser una acción tanto como sea posible. El altruismo es como un músculo, puede ejercitarse y mejorar; de la misma forma que entrenas para un maratón, es cuestión de práctica.

Matthieu Ricard nació en París, Francia, en 1946. Hizo su doctorado en genética celular en el Instituto Pasteur de París. Fotógrafo, traductor y editor de textos sagrados, vive consagrado a la vida monástica y a participar en proyectos humanitarios del Tíbet. Es asesor del Dalái Lama y su traductor al francés. Matthieu ha escrito varios libros, entre otros, *El monje y el filósofo* y *En defensa de la felicidad*. Es considerado "el hombre más feliz del mundo" debido a los estudios realizados por el profesor Richard J. Davidson, del Laboratorio de Neurociencia Afectiva de la Universidad de Wisconsin, quien ha dedicado varios años de su vida al estudio científico de la felicidad.

Hablar de nuestra expareja es una elección: podemos elegir hablar o callar. La impresión que tenemos de ella depende de nuestra percepción y es una visión cambiante. Alguna vez hablamos maravillas de esa persona, quizás hasta nos molestamos con amigos o familiares que trataron de hacernos ver un defecto de esa persona: "Es muy inconstante en sus empleos", "fue infiel a su anterior pareja", "tiene un carácter violento". Nosotros defendimos a capa y espada a esa persona. No digo que debamos mentir sobre las causas del divorcio (si nos separamos por una infidelidad, pues ésa es la historia y punto). Sin embargo, podemos tratar de no despotricar sobre nuestro ex ante cualquier persona y relatarle todos los sufrimientos que vivimos a su lado.

Hablar mal de tu ex sólo te perjudica a ti

Observar una situación desde fuera nos da cierta lectura de la misma. Sin embargo, una lectura "entre líneas" nos puede decir muchas cosas más de esa situación y de las personas involucradas. Por ejemplo, la forma en que tratamos a los demás habla de nuestra personalidad y dice más sobre nuestro carácter que todas las palabras que podamos haber usado al dirigirnos a los demás.

El otro día en una cena, uno de los invitados hizo un comentario bastante desagradable de su mujer, que no había podido asistir. Incómodo silencio. Incómodo para los presentes porque el interfecto siguió como si nada. En ese momento no pude más que preguntarme:

"¿Acaso este señor no se da cuenta de que al hablar así de la mujer con quien lleva viviendo más de diez años queda como un perfecto idiota?".

Sin duda, nuestras relaciones personales nos definen. Las personas con quienes decidimos compartir nuestra vida o nuestro cuerpo son nuestros espejos. Lo lógico es que elijamos estar con alguien que admiramos, respetamos y amamos. Si esto cambia por cualquier motivo, pues habrá que tomar medidas para tratar de salvar la relación o bien poner un fin sano a la historia. Lo que no tiene sentido es estar con alguien a quien no admiras, no respetas y definitivamente no amas, al grado que puedes hablar pestes de esa persona. Por eso, cuando escuchamos a alguien hablar tan mal de su cónyuge, amante, o lo que sea, no queda más que preguntarnos si esa persona es realmente como la describe. Y si es así, por qué su pareja continúa con ella sin hacer nada al respecto, pues hablar así sólo lo hace quedar mal.

No hay que ser una lumbrera para darnos cuenta de que las razones por las que decidimos estar y continuar al lado de alguien son de peso (en algunos casos son de pesos, pero ése es otro tema). Por lo mismo esperamos que la otra persona tenga razones similares. El amor no es cuestión de sacrificio. Es algo que tiene que ver con el interés propio. Amar a una persona es egoísta porque significa que esa persona en particular hace tu vida mejor y es una inmensa fuente de felicidad para ti. Pensar lo contrario es un absurdo. ¿Qué sentiríamos si alguien nos dijese: "Mira, no te admiro, no me satisfaces, no me gustas, tampoco disfruto tu compañía pero estoy contigo porque de otra manera estarías sola y como soy bueno me sacrifico?". Seguramente responderíamos: "¿Qué? No, gracias. De verdad estoy mejor sola".

Estar con alguien por lástima, miedo, necesidad, es una mala idea. El saber que alguien nos eligió por eso debe ser aún más devastador. ¿Cómo puedes estar con alguien sabiendo que eres su "peor-es-nada", su "último tren" o, más terrible aún, su "Afore"? No creo que este conocimiento mejore tu autoestima, por el contrario debe ser aplastante. En cuestión de relaciones hay que tener cuidado porque el miedo a la soledad o la codependencia nos hace sostener situaciones que se deterioran día con día y nos menoscaban como personas.

Existen relaciones que no llegan a darse porque uno de los involucrados "se siente menos" frente al otro. Es triste y, de alguna manera, hasta absurdo. Vivir con alguien a quien despreciamos es aún peor. Antes de abrir la boca, y criticar o hablar mal de tu pareja frente otros, hay que tener claro que, al hacerlo, en realidad no estamos hablando mal de esa persona, sino de nosotros mismos. Si hablar mal de tu pareja te hace quedar mal, hablar pestes de tu expareja tampoco es una buena idea. No te engañes. En algunos casos, cuando la ruptura es dolorosa o problemática (hay chantajes, manipulaciones por dinero, los hijos, etcétera) es difícil hablar maravillas de tu ex.

Hay un refrán que reza: "No sabes con quién te casas, hasta que te divorcias". Y es una triste realidad. Una ruptura puede llegar a sacar lo peor de nosotros mismos. ¿Cuántas historias de terror no hemos oído de hombres o mujeres que le prohíben a su pareja ver a sus hijos, los manipulan o no les dan ni un apoyo económico a pesar de poder hacerlo? Sí, existen. Y cuando somos víctimas de ellos es muy difícil mantener la boca cerrada. Afortunadamente se trata de casos extremos. Una amiga comentó alguna vez en una reunión: "Yo no calumnio a mi exmarido, todo lo que les he dicho de él es absolutamente cierto". Y sí, quizá todo lo que nos dijo sea verdad, pero en muchos otros casos esa verdad está cubierta convenientemente de dolor, parcialidad y orgullo herido.

Cuando somos blanco del enojo de nuestra expareja, quizá lo más sensato (que generalmente no es lo más sencillo) es decir que no es cierto sin entrar en detalles e interminables conversaciones para "defender" nuestro honor. Finalmente, tarde o temprano, las cosas salen a luz. Si tu ex te acusa injustamente de algo que no hiciste (infidelidad, maltrato a tus hijos o a él, o de cualquier otra cosa) el tiempo le dará peso a nuestras palabras. Quienes nos conocen sabrán que no es verdad y quienes decidan creer mentiras difícilmente cambiarán de opinión digamos lo que digamos.

Si vas a criticar a tu ex (o a cualquier persona) es mejor que sepas bien a quién se lo dices. Alguna vez en una cena un hombre y su nueva mujer criticaban a la exmujer del primero. Se dieron vuelo criticándola hasta que una invitada dijo: "Mira, no tengo el gusto de conocer a tu exmujer. Jamás la he visto. A quien conozco es a tu hijo porque está en la misma clase que mi hija. Es un niño alegre, amable, simpático y saca muy buenas notas. No podría ser así si lo que dices de su madre fuese cierto". Desde luego que el hombre y su esposa se quedaron mudos, pero además como personas inmaduras y rencorosas.

Con el tiempo sanan las heridas y baja —en la mayoría de los casos— el nivel de agresión en la relación. Comenzamos a aceptar la situación, el enojo cede, el duelo pasa, incluso nos sentimos contentos y empezamos a disfrutar de nuestro nuevo estado civil. Olvidamos lo que dijimos de nuestra pareja y cambiamos nuestro discurso. El problema es que los demás no. Nuestras agrias palabras se quedarán en su memoria, ya sea que se trate de verdades o exageraciones, y pueden causar mucho daño. No sólo a nuestra expareja, sino también a nuestros hijos.

Necesitamos desahogarnos del dolor, pero no es inteligente hacerlo con quien sea. Es curioso porque no nos percatamos sino hasta mucho tiempo después de lo mal que estábamos. Viendo las cosas en retrospectiva, te das cuenta de que haberle dicho a miles de personas lo mal que te trató tu ex no fue sensato. Desafortunadamente, cuando estamos pasando por una ruptura, el dolor y la tristeza nos hacen caer en este tipo de errores. Si puedes contar hasta diez y cambiar el tema de conversación a uno más agradable, será lo mejor tanto para ti como para quien te está escuchando.

Entre mejor sea la relación con tu ex, mejor será para todos

Pocas cosas hacen sufrir más a tus hijos que ver cómo insultas, discutes o peleas con tu pareja. Para los amigos y familiares no es una situación agradable. Cuando vemos a una pareja discutir, miramos al suelo mientras pensamos "trágame tierra" o revisamos nerviosamente el celular esperando que el momento desagradable pase. Para los hijos es doloroso, muy doloroso ver a sus padres en una pelea o insultándose. Esta situación no cambia con la separación o el divorcio.

Muchas veces exigimos a nuestros amigos que tomen partido y nos apoyen a fin de que el agresor tenga algún tipo de sanción o censura por lo que nos hizo. Nosotros no podemos obligar a nuestros amigos a que hagan algo contra su voluntad. Ellos son libres de ver a nuestra expareja si así lo desean, a pesar de que nosotros quisiéramos que les negaran el saludo y los increparan por el mal trato que nos dieron. No es nuestra decisión ni podemos hacer nada a ese respecto, salvo poner límites si sus comentarios nos molestan o su actitud nos lastima. Tristemente hay quienes se sienten con derecho a enumerar las que consideran nuestras fallas.

Si creemos que la amistad de esa persona con nuestra expareja es nociva para nosotros, es mejor terminar o enfriar esa amistad.

Necesitamos confiar en nuestras amistades y no vivir pensando que saldrá corriendo a contarle a nuestro ex cualquier cosa que le digamos. Tampoco tenemos que ser amigos de quien defiende a quien nos maltrata o maltrató. Los amigos de tus enemigos no son tus amigos. Es un tema de lealtad.

Cristina y Paco ya eran amigos cuando éste conoció y se casó con Chantal. Chantal es una mujer simpática y amable así que ella y Cristina inmediatamente se volvieron muy buenas amigas. Cuando se fueron a vivir al extranjero, Cristina los visitó varias veces y fue testigo de que la relación se deterioraba, de que las cosas no estaban bien. Al principio de la separación, Cristina tomó una postura imparcial. Pero cuando empezaron los problemas y Paco se negaba a dar una pensión digna a su exmujer y sus hijos, Cristina habló con él y le explicó que lo que hacía no era justo, que él era un hombre acaudalado y su exmujer no. Paco no sólo se molestó con Cristina, sino que lo vivió como una traición. Le tomó mucho tiempo a Cristina que Paco entendiera que Chantal también era su amiga y que no podía dejarla sola. Nadie le pidió que tomara partido, pero Cristina sintió que era su obligación hacerlo.

Si el divorcio o la ruptura se llevan amistosamente, los amigos y familiares también saldrán beneficiados, ya que no hay necesidad de tomar partido. Los familiares de ambos también pueden seguir con una relación cordial, después de todo se van a encontrar en las celebraciones familiares que involucran a los hijos como ceremonias religiosas y escolares.

Si para los amigos y familiares es difícil, para los hijos es terrible ver a sus padres en una batalla campal y tener que tomar partido cuando aman a los dos. Los lastima y no los ayuda a tener seguridad. Ellos aman a ambos y es muy duro que uno de sus padres les pida tomar partido en contra del otro. No necesitamos decirle a los hijos muchas cosas para que ellos se den cuenta de la situación. Tarde o temprano lo harán y podrán ver a sus padres tal cual son: como seres humanos que cometen aciertos y errores, sin el veneno del otro. Lo que es verdaderamente importante es que, a pesar de la separación, los hijos sepan que sus padres los aman y están ahí para ellos, sin importar si están separados.

En estos casos resulta fundamental tratar de ver las cosas a largo plazo. Si resistes la tentación de hablar pestes de él hoy, saldrás ganando mañana. Quizás en el momento sea complicado ver el panorama completo. Hay mucho dolor y te sientes traicionado, tu proyecto de vida está hecho pedazos y no ves la salida. Sin embargo, hay que entender que gritar a los cuatro vientos los defectos de tu ex no contribuirá a tener una relación cordial en el futuro y esto imposibilitará llegar a acuerdos o resolver temas en común, ya sean financieros o relativos a los hijos. Tampoco habrá buena disposición o flexibilidad para los cambios de estos acuerdos, y los primeros perjudicados de esta mala relación serán los hijos, que están en medio de una batalla ajena.

Hay quienes recomiendan recordar los buenos momentos y tratar de ver sus cualidades, para balancear la situación. Después de todo, la vida no es cosa de negros y blancos, sino una infinita gama de grises. Contener tus palabras ahora y no soltar el veneno puede ser lo mejor que hagas para que tu futuro con esa persona sea armonioso.

Si ya era importante cuando estaban en pareja, la comunicación es crucial para las exparejas

"Hablando se entiende la gente", dice el refrán. La comunicación es fundamental para una pareja y más aún para las exparejas, en especial si tienen hijos o temas en común como la venta de alguna propiedad, un negocio, hipotecas que liquidar, etcétera. Que estén separados y los sentimientos hayan cambiado no cancela muchas de las relaciones: no dejas de ser padre o de ser responsable de una mascota. Para ello habrá que llegar a acuerdos. Por supuesto que si había mala comunicación en la relación más difícil será después de la ruptura, sin embargo, las peleas eternas son desgastantes, así que hay que hacer todo lo posible para que la comunicación sea efectiva: hablar amablemente, ser precisos, puntuales, escuchar sin interrumpir, no usar adjetivos que hieran y un largo etcétera. Puede parecer un gran esfuerzo, pero sin una buena comunicación, cosas tan sencillas de resolver como un permiso para quedarse en la escuela más tarde para jugar futbol, decidir quién se queda con el perro el fin de semana o hablar del depósito de la hipoteca, pueden volverse complicadísimas. Cuesta trabajo acostumbrarse a la nueva situación, pero es posible.

Ante la duda es mejor preguntar directamente al involucrado en vez de dar rodeos y acudir a hermanas, primas, hijos, etcétera. Cuando la relación ha terminado es indispensable establecer una buena comunicación y reglas claras para que nadie se sienta ofendido, lastimado o menospreciado.

La meta: una relación cordial. ¡Auxilio! ¿Qué es cordial?

"Tenemos una relación cordial, pero distante", dijo una vez una mujer para referirse a la relación con su ex. Cordial, desde luego que es amable, atenta, dulce; pero en términos de exparejas una relación cordial es mucho más que eso. Una relación cordial implica un trato respetuoso y solidario en todo momento y mantenerse unidos para afrontar las decisiones de los hijos.

Además de abstenerte de hablar mal de tu expareja, también es importante no divulgar sus secretos ni contribuir a chismes o rumores. Es necesario respetar sus decisiones de vida, por absurdas que te parezcan. Una relación cordial no implica ceder ni aplaudir todo lo que hace tu ex. Tampoco esperes que por tener una relación cordial, tu ex aplauda todo lo que haces. Una relación cordial implica respeto a las decisiones y, en caso en el que alguna de éstas te afecte, hablar de una forma asertiva sobre el tema.

Al igual que en cualquier otra relación, habrá problemas y desavenencias, que es importante resolver pensando en el beneficio para los terceros involucrados y no en caprichos egoístas. Una relación cordial implica evitar berrinches, demandas, caprichos y demás conductas que generen tensión en la relación.

Si vas a pedir un favor ya sea para ti, la empresa, hijos o lo que sea, debes pedirlo, no exigirlo. En una relación cordial no pueden existir chantajes ni manipulaciones. Nada de si no me das tal, no te dejo ver a tus hijos o cualquier amenaza similar.

Con respecto a la distancia, ésta es también muy importante. Distante significa que no vas a entrometerte en la parte que ya no te corresponde de su vida, como sus decisiones si no te consulta, su vida profesional o personal. Es poner una sana distancia con el pasado y cortar con todo eso que no corresponde al estatus de esta nueva relación con esa misma persona.

¿Podemos tener una mejor relación con nuestro ex? Sí es posible, pero hay algunos puntos a considerar:

1. Lo que quieres es tener una relación cordial con tu expareja, no recuperarlo o hacer que cambie de opinión respecto a la separación. Si es así, lo mejor que puedes hacer es expresarlo o bien tomar una sana distancia mientras se cierran las heridas.
2. *Cordial* no es lo mismo que amistosa. Una gran amistad llegará, pero toma tiempo.
3. Hay que esforzarnos para que suceda. Tener ambas partes la firme intención de establecer una relación cordial. Si la voluntad es de uno solo, no funcionará.
4. El duelo toma tiempo (de meses hasta años), así que no esperes que todo se cure de inmediato.
5. Entender que las relaciones mejoran una vez que pasó el duelo y se han liberado los resentimientos.
6. No confundas una buena relación con amor. El cariño, respeto, admiración pueden existir, pero eso no quiere decir que haya interés en reiniciar la relación. El autoengaño es un poderoso veneno.
7. *Cordial* no implica tener relaciones sexuales con tu expareja. Puedes hacerlo, al final del día todos somos libres, pero eso quizá sólo contribuya a acrecentar los problemas y alimentar confusiones. Un ex es justo eso: un ex y no un prospecto.
8. Sinceridad y honestidad. Es importante ser sinceros con el ex en caso de que estemos iniciando una nueva relación y ésta sea seria. No es buena idea contarle sobre todas las personas con quienes sales ni detalles de tus citas con cada una de ellas.
9. Evita problemas: no compares a tu ex (su familia, trabajo, amigos, etcétera) con tu nueva pareja.

4 Empieza a sanar

Recupera tu autoestima

¿Recuerdas cuando te sentías bien contigo misma? Una ruptura puede debilitar nuestra autoestima fácilmente, en especial si no fuimos nosotros quienes tomamos la decisión. Después de todo, aunque tratemos de negarlo, lo cierto es que existe un ser humano que no quiere estar con nosotros. Si hay una tercera persona involucrada es fácil pensar que la causa de la ruptura fue porque no fuimos "suficiente". Ya sea "suficientemente jóvenes, guapos, buenos proveedores o administradores, buenos en la cama...", la lista es interminable.

Si basamos nuestra autoestima en lo que piensan otros o nos definimos por el hecho de tener o no tener una pareja, terminar una relación más que una ruptura será una tragedia. De la misma forma que en las escuelas enseñan matemáticas, deberíamos tener clases de autoestima. Aprender a querernos y a apreciar sin importar qué. El amor incondicional debe empezar por uno mismo. Amarte a pesar de que te equivoques, engordes, enflaques, aciertes, seas alto o baja; seas muy inteligente o no tanto. Desafortunadamente, la autoestima no funciona siempre así. Y no todos terminan una relación sentimental sintiéndose como un millón de dólares.

La falta de autoestima, como sabemos, trae miles de problemas aparejados. Uno de ellos es entablar relaciones codependientes. En una relación codependiente en vez de sentirnos igual de valiosos que nuestra pareja, nos sentimos de "segunda" y, por lo mismo, aceptamos "migajas" de amor porque no podemos querernos a nosotros mismos. Por supuesto que estas relaciones son complicadas y llenas de abuso. Hay quienes aguantan todo con tal de que no los dejen. Tal y como dice la canción del grupo Trigo Limpio: "Por eso rómpeme, mátame, pero no me ignores, no, mi vida". Puede parecer un absurdo, pero tristemente es cierto y ocurre en más de una ocasión.

Un libro que me ha ayudado mucho para entender qué es la autoestima es *La maestría del amor* de don Miguel Ruiz. En un pasaje compara (o yo así lo entendí, recuerden que don Miguel suele decir: "me responsabilizo por lo que yo digo, no por lo que ustedes entienden") la autoestima con una cocina llena de alimentos deliciosos. Así, si tuvieras una cocina así: ¿aceptarías una pizza rancia de hace días? Desde luego que no. Preferirías comer y compartir tu suculenta comida. En cambio, si tu cocina está vacía y no hay nada en las alacenas o el refrigerador devorarías esos pedacitos de pizza vieja y rancia que te ofrecen. Esa cocina es nuestra autoestima. Si tú te amas, puedes dar amor y no aceptaras migajas de amor en las relaciones. Cuando tu cocina está vacía, aceptamos cualquier cosa.

He releído ese libro varias veces y siempre le encuentro algo maravilloso. Creo que es uno de los libros de cabecera para las relaciones. Recomiendo mucho su lectura.

Existen toneladas de estudios sobre la autoestima. El diccionario de la RAE la define como: "Valoración generalmente positiva de sí mismo". Una definición un poco escueta, para mi gusto, de algo que es prioritario para el ser humano. Necesitamos un sano nivel de autoestima, tanto como necesitamos respirar.

Una autoestima sana te permite valorarte, pero también conocer tus defectos y aceptarlos. Tener autoestima es exigirse, ponerse metas alcanzables, no imposibles. La autoestima tiene un componente importante que es la autoaceptación, es decir, la capacidad de aceptarnos tal y como somos tanto física como social y emocionalmente.

La autoaceptación es la raíz del cambio. No podemos cambiar las cosas que nos molestan si no las aceptamos. Como dicen por ahí: saber —y aceptar— que tenemos un problema es tener la mitad del problema resuelto.

¿Quién tomó la decisión?

Existe un punto fundamental: ¿quién tomó la decisión de la ruptura? Parece algo sin importancia pero no lo es, ya que en la mayoría de los casos sobrellevar la ruptura es más fácil para quien decide poner un punto y aparte que para quien recibe la decisión. Quien decide ya lo pensó y asumió los riesgos; mientras que el otro, quizá, pensaba que su relación tenía fallas pero nada grave, o que no eran suficientes para terminarla.

Si la relación terminó de manera civilizada, de mutuo acuerdo y fue un "desacoplamiento consciente" probablemente ya estás más acostumbrado a la idea de que la relación llegó a su fin y tienes una parte del camino andada. La ventaja de no permitir que la relación se deteriore es que lastimas menos la autoestima, además de que tal vez ya fuiste a varias sesiones de terapia para tomar la decisión.

Terminar una relación no es fácil. Independientemente de que sea por un abuso, desinterés, infidelidad, etcétera. Queda siempre la duda de si es la decisión correcta. Además está el dolor de lastimar al otro al comunicarle nuestra decisión (si hay hijos involucrados es aún mayor).

Si fue tu pareja quien tomó la decisión de terminar la relación te quedarán muchas preguntas (¿por qué no quiso seguir?, ¿qué hice mal?, ¿será que no soy suficiente?... y un largo etcétera). Muchas de esas preguntas, si no es que todas, no tienen respuesta y están fuera de nuestro control. Más que ver la relación desde la óptica del otro, es importante centrarnos en nosotros y en nuestro papel dentro de la relación. A pesar de que nosotros no hayamos tomado la decisión de la ruptura, sí elegimos estar en una relación con esa persona, y si no era buena, también escogimos seguir en esa relación. Más que preguntarse "¿por qué me dejó?" es más útil preguntarse por qué elegimos estar en una situación como ésa. Y tratar de ser honestos para contestar o bien para pedir ayuda si no encontramos la respuesta. Recibir ayuda psicológica evita que repitamos patrones en la siguiente relación que entablemos por no solucionar nuestros problemas.

Dar la vuelta a la página es un proceso que lleva tiempo. Como subir una escalera, no llegamos hasta el final de un solo paso, sino poco a poco. Podemos aprovechar este proceso para aprender y entender qué pasó, o quedarnos en un descanso de la escalera, sin avanzar, instalados en el papel de víctimas y culpando a otros, cual eternos adolescentes incapaces de aceptar las consecuencias de sus actos. Hay quienes pueden hacer estos procesos solos, sin embargo, creo que es más rápido, efectivo y, a la larga, hasta económico, buscar ayuda profesional.

No hay una receta para esto. Solamente unos puntos cardinales que funcionan para todos. Transmitírtelos es, de alguna forma, uno de los propósitos de este libro. Cada historia es diferente y única como cada uno de los integrantes que la conforman. Por eso, ni siquiera a una misma persona le duelen las rupturas de la misma manera. Hay relaciones que son fáciles de terminar y otras que no podemos soltar en años, por breves que hayan sido. Sin embargo, uno de esos puntos cardinales para superar la ruptura es buscar ayuda.

Busca ayuda

Muchas veces no sabemos qué es lo queremos pero sabemos perfectamente bien lo que no queremos. ¿Cómo empezar a verlo? El dolor y el malestar nos obligan a movernos. Queremos sanar ese dolor y esto nos lleva a hacer algo. Muchas veces al tratar de sanar ese dolor, caemos en errores y llegamos a excesos, o abusos de alcohol, o drogas para evadir la situación, ya que es imposible que la solucionemos en ese estado. Pero también buscamos formas saludables de poner fin a ese dolor.

Terapia

Hay una gama interminable de terapias para sanar la mente y el espíritu. Puedes recurrir a una o a varias. En mi caso, además de acudir con una psicoanalista asistí a muchas otras terapias alternativas: meditación budista, terapia con imanes y constelaciones familiares. Una de las pocas cosas que tenía claras cuando me separé es que no quería repetir la misma situación en mi vida. No sabía en qué iba a trabajar, si podría seguir viviendo en mi casa o cómo sería mi nueva vida, pero de lo que sí estaba segura es que necesitaba ayuda para estar mejor y sanar muchas heridas (algunas del matrimonio, sí, pero también otras mucho más añejas).

Los consejos de amigos y familiares son bienintencionados. Sin embargo, es importante tener en cuenta que dichos consejos provienen de su propia experiencia, y lo que funcionó para ellos no necesariamente nos ayudará a nosotros. Encontrar la terapia y al terapeuta ideal es una decisión que tenemos que tomar solos. Pueden estar muy acreditados pero además debe existir la química suficiente para poder llevar a cabo un tratamiento.

Trabajo de perdón

El perdón es uno de los conceptos más difíciles de entender. Primero porque hay cosas fáciles de perdonar y otras que son casi imperdonables. Segundo, porque a pesar de que todos estamos de acuerdo en que perdonar es el mejor regalo que uno puede darse, a la hora de hablar de lo que es (y no es) el perdón comienza la confusión. En efecto, no es fácil diferenciar entre perdón y olvido. Son cosas muy distintas.

Es imposible que el perdón nos produzca amnesia de por vida respecto a ese episodio de nuestra existencia que nos dolió, y mucho. Pedir perdón tampoco cambia el pasado, ni sus consecuencias. No es algo así como "borrón y cuenta nueva" en automático. Tal vez (con tiempo y terapia) podamos comprender las causas que llevaron a la otra persona a lastimarnos, tal vez hasta podamos perdonarla. Pero eso no quiere decir que la situación vuelva a ser como era antes o que hayamos olvidado lo que sucedió y el dolor que nos causó el daño.

Después de varios años de un mal matrimonio, Ricardo y Luisa decidieron separarse. Ninguno de los dos podía hablar de traiciones e infidelidades. "Fueron muchos años de andar con piedritas en el zapato; no es un pleito, sino varios temas que no supimos resolver y que acabaron con el amor", me dijo Luisa cuando le pregunté sobre su divorcio. Al paso de unos meses, Ricardo le pidió perdón y que volvieran. Luisa lo perdonó, pero no aceptó volver con él. Ricardo no entendía por qué, si ya lo había perdonado, las cosas no podían ser como antes.

Rose Sweet, autora de *A Woman's Guide to Healing the Heartbreak of Divorce*, dice que el primer paso es comprender lo que es y lo que no es el perdón. Después podrás darte permiso para perdonar y olvidar, liberarte de la amargura y reconocer claramente tu derecho a poner límites sanos. He aquí algunas puntualizaciones de Sweet sobre el perdón:

- Perdonar no es igual a impunidad. No significa que la ofensa deba quedar sin repercusiones. Podemos y debemos hacer responsables a los otros de sus acciones u omisiones. Cuando se ha cometido una ofensa debe repararse, pues el perdón exige que se haga justicia ante el ofendido. El perdón nos ayuda a no sentir deseos de venganza.
- Perdonar no significa dejar que la ofensa se repita una y otra vez. No debemos tolerar ni permitir las faltas de respeto o cualquier forma de abuso. Perdonar no significa negar la realidad o ignorar ofensas repetidamente.
- Perdonar no es lo mismo que reconciliarse. Podemos perdonar a alguien a pesar de que nunca nos volvamos a llevar con esa persona.
- El perdón es un proceso, no un evento. Toma tiempo trabajar con nuestros problemas antes de que podamos perdonar.
- Pueden presionarnos a perdonar antes de que estemos listos. Si nos sentimos obligados a perdonar o lo hacemos para ser aceptados u obtener reconocimiento, el perdón no es verdadero. Es sólo una forma de evitar el rechazo o de querer seguir siendo la "eterna víctima". Hay que darse el permiso de perdonar cuando estés listo, no antes. Muchas veces no podemos perdonar a alguien por lo que nos hizo, toma su tiempo y es mejor reconocerlo.
- Perdonar no significa olvidar. Es normal que los recuerdos aparezcan en el futuro; lo importante es lo que hacemos con ellos.
- El perdón inicia con una decisión, cuando al fin estás lista para dejar ir el resentimiento.

"Si bien es cierto que Dios nos manda perdonar a otros, nunca nos dijo que teníamos que seguir confiando en aquellos que traicionaron nuestra confianza o tan siquiera estar cerca de aquellos que nos lastimaron", dice Rose Sweet. Muy cierto.

Nos cuesta trabajo perdonar las cosas que nos duelen y entender el concepto del perdón. Si es difícil dejar pasar una ofensa, ¿cómo perdonar a los asesinos de tus padres? Alejandro Corchs perdió a sus padres antes de cumplir los dos años cuando desaparecieron tras ser secuestrados por la dictadura militar en Buenos Aires. Desde entonces, fue criado por sus abuelos en Montevideo. Algo que llama la atención de Alejandro es su capacidad para perdonar a aquellos que le causaron tanto dolor. Cuando visitó México para promocionar su libro, *Trece preguntas al amor*, tuve la oportunidad de platicar con él sobre el perdón. A continuación encontrarás algunos fragmentos de esa charla.

> Creo que lo primero que hay que hacer es separar el perdón de la disculpa, que es lo que pedimos habitualmente. El perdón involucra redención, la presencia divina que quita el velo del dolor sin sentido. El dolor se transforma en sufrimiento cuando uno no sabe para qué pasó. Para mí lo más importante fue darme cuenta de que no podía ponerme en el lugar de un militar que había asesinado a mis padres. De lo que me daba cuenta es que había tenido mucho dolor y que a los 18 años me esperaba una vida por delante. Si me iba a seguir atormentando esperando que quienes habían asesinado a mis padres pidieran disculpas, cosa que no iba a ocurrir, me esperaba mucho dolor. Ahí fue cuando me di cuenta de que si mi felicidad dependía de que esa gente me pidiera perdón, si mi futuro dependía de ellos, estaba en el horno. Si, por el contrario, dependía de mí, entonces podía liberarme…

Ante la disyuntiva de culpar a los asesinos o buscar un sentido a lo que pasó, Alejandro inició su camino espiritual que lo llevó a convertirse en líder espiritual del Camino Rojo, el camino de sabiduría de los pueblos originarios, hombre medicina, portador de la pipa sagrada. Entender que Dios o el Gran Espíritu ama a todos por igual fue lo que le ayudó a comprender las consecuencias del perdón:

> Más allá de lo que me hicieron en la vida, se trata de lo que yo hago. Si no curo mi resentimiento, le estoy pasando ese dolor y resentimiento a mis hijos. Esto va mucho más allá del victimario, es mi responsabilidad hacia mis futuras generaciones, mi legado.

> Cuando le preguntaban cómo pudo perdonar a los militares torturadores respondía:
>
> El perdón te lo das tú mismo para no cargar ese rencor y vivir con ese dolor adentro y contaminar a otros. Los perdoné porque me di cuenta de que era muy mal negocio vivir con tanto dolor adentro, no lo merecía.
>
> Alejandro Corchs ha logrado sanar a otros con su experiencia. Sus dos primeros libros fueron rápidamente best sellers y *Trece preguntas al amor* fue reimpreso diez veces en el año de su aparición en Uruguay.

Busca a otros en tu situación

Reunirse con personas que atraviesan por la misma situación que nosotros es positivo. Tal vez no tengamos amigos o familiares que también estén pasando por una ruptura para compartir nuestros sentimientos, pero existen grupos de apoyo donde podemos compartir. Para quienes no tengan tiempo o ganas de asistir a un grupo de apoyo, la tecnología está ya al servicio de los corazones rotos. Existe una página especializada llamada exaholics.com, es anónima y se basa en el método similar de los 12 pasos de alcohólicos anónimos para sanar. Cuentan con varios foros en los que puedes encontrar comentarios de quienes tronaron recientemente y la posibilidad de hacer amigos que están en la misma situación. Los temas son bastante comunes: "¡Yo no me esperaba esto!", "El uso de medicamentos para acallar el dolor", "De amantes a enemigos", entre otros. La única desventaja es el que el sitio sólo está disponible en inglés.

Muchas veces, a fin de recuperar nuestra autoestima, buscamos reencontrarnos con un ex. Finalmente ellos nos quisieron un día y bien dice el refrán: "Donde fuego hubo, cenizas quedan". Desde luego no tiene nada de malo, quizá también está recién divorciado, soltero o viudo, pero antes de buscarlo es importante preguntarnos por qué lo queremos llamar. ¿De verdad la relación era tan buena? ¿Cuál fue la razón de la ruptura? ¿Qué sentimos después de todo este tiempo por esta persona? Es cierto que hay muchas historias de personas que se reencuentran después de muchos años y son felices. Pero quizás el volver con el ex o andar con el "peor-es-nada" por puro despecho no es buena idea. En las historias de amor no hay nada escrito y literalmente cualquier cosa puede suceder, por eso es importante no tener expectativas sobre el encuentro para evitar desilusiones dolorosas.

Si la idea de compartir las tristezas en línea no es para ti, trata de hablarlo con alguien de tu confianza. Si bien es posible que no esté pasando por una ruptura seguramente en algún momento de su vida estuvo en una situación similar, y puede darte buenos consejos. Después de todo, no hay nada mejor que poder conversar con alguien que te entiende y que además ya superó el problema, eso siempre nos da esperanza de que, con el tiempo, podremos superarlo también.

De acuerdo con el artículo "¿Cómo superar a tu ex?",* al realizar estudios con personas que recién habían terminado con sus parejas, la bióloga y antropóloga Helen Fisher descubrió que cuando veían la foto de su ex una de las partes del cerebro que mostraban actividad era el área tegmental ventral que es la que elabora la dopamina y está ligada al amor romántico. La doctora Fisher llama a esto "atracción de frustración" ya que cuando alguien te rechaza, tú lo amas más.

Hay quienes le hacen saber a todo el mundo lo mal que se encuentran, lo mucho que sufren por la ruptura, lo deprimidos que están. Puede ser genuino, desde luego, sin embargo, de acuerdo con Fisher, también puede ser una estrategia para que la expareja se entere de su agonía y se sienta mal, ya sea para que por remordimiento quiera volver y resarcir esos males, o bien porque saben que su felicidad con la nueva pareja no será completa si se enteran que su ex está como alma en pena. (Puede ser una buena estrategia, no lo sé; pero estoy segura de que estar absolutamente infelices es un precio muy caro para arruinar la felicidad del otro y, tal vez, ni siquiera funcione.)

Supera el rechazo

El rechazo es doloroso. No hay manera de endulzarlo. No importa si es un rechazo en el ámbito laboral, en el terreno familiar o en la vida

---

* Helen Fisher, "How to Get Over that Ex", en http://nyti.ms/1cADQyD, consultado el 19 de mayo de 2015.

sentimental. Sentirnos rechazados duele profundamente y, a fin de prevenir este dolor en el futuro, probablemente nos volvamos desconfiados, ariscos y cautelosos. El miedo al rechazo, en algunos, es tan grande que paraliza. Preferimos no actuar y no arriesgarnos a volver a sufrirlo.

Muchas veces el rechazo ocasiona que soñemos con quien nos rechazó. Basta con que nos rechace esa persona que dijimos no querer o que nos enteremos de que está con alguien más para que nos arrepintamos de nuestras palabras. ¿Es amor? Lo dudo, los científicos lo relacionan con la dopamina, pero las abuelas han sabido desde siempre la utilidad de los famosos "picones" y del "darse a desear".

A pesar de lo doloroso que es, el rechazo no es necesariamente negativo. Reflexionando sobre el dolor ocasionado por el rechazo, caí en la cuenta de que muchas cosas buenas en mi vida han sucedido a causa de un rechazo inicial, que me llevó a mejores oportunidades. Hace muchos años escribí para la editora de una revista un texto sobre los hombres que se esfuman de una relación sin dar ni media explicación; como si se tratara de escapistas expertos no vuelves a saber de ellos. No devuelven llamadas, correos, nada. "El houdinazo", lo titulé. Cabe aclarar que fue la editora quien solicitó el texto. Emocionada se lo envié y la única respuesta que obtuve al día siguiente fueron dos letras: Ok. Le pregunté qué le había parecido y ni siquiera respondió el correo. Su rechazo me dolió. Coincidentemente, por esas fechas, vino al D.F. un amigo y columnista de *Milenio Diario*, fuimos a cenar y le conté la historia de "El houdinazo" y lo sorprendida que estaba por la lacónica respuesta de la editora. "Imagínate, tan malo le debe haber parecido que ni me contestó", le dije. Él me pidió verlo y se lo envié. Le gustó muchísimo y, a su vez, lo envió a Horacio Salazar, en Monterrey, quien entonces dirigía la sección "Tendencias" de ese diario. A él también le gustó y lo publicó dos semanas más tarde, el 31 de octubre de 2004. Desde entonces, he escrito una columna semanal y con el tiempo comencé a colaborar en otros medios.

No podemos saber a ciencia cierta qué hubiese pasado si me hubieran publicado el artículo en la revista, pero de lo que sí estoy segura es de que la columna "Neteando con Fernanda" ha sido desde entonces una fuente de satisfacciones.

Algunas veces pensamos que el rechazo es un NO rotundo, y con el tiempo nos damos cuenta de que no era una negativa, sino únicamente una señal de espera. Un "todavía no" de parte del universo. Quizás hay que esperar porque no era el momento adecuado, la persona correcta, no teníamos la preparación necesaria, lo que sea. María, una amiga escritora, me comentó que su primera novela fue rechazada por dos editoriales antes de que la publicaran. Si bien el rechazo fue doloroso, en cuanto se repuso del golpe se dio a la tarea de buscar otro editor. Un tiempo después publicó su libro con una editorial de más prestigio donde la trataron muy bien. Ernesto sufrió mucho cuando recibió la negativa para trabajar en un despacho de abogados. Fue doloroso porque tenía mucha ilusión de trabajar en un lugar así. Analizó las razones de la negativa y decidió eliminarlas. Estudió más fuerte y mejoró su inglés. Con el tiempo entró a trabajar en un despacho mejor del que lo habían rechazado. Después del shock inicial, para muchos el rechazo es un resorte que los inspira a ir más alto o a reinventarse. Una amiga, después de que la despidieron en el despacho de contabilidad en el que trabajó por cinco años, decidió volar con sus propias alas y abrió su negocio de asesoría contable. Le va muy bien y está feliz de ser dueña de su negocio y de su tiempo. El truco, me dice, está en no quedarse estancada viendo lo negativo y buscando culpables, sino en ver las posibilidades y oportunidades. Moverse.

Los sabios aconsejan buscar lo positivo dentro de lo negativo. De hecho, los estadunidenses tienen un dicho para referirse a buscar las bendiciones dentro los problemas que reza: "Every cloud has a silver lining" (cada nube tiene un forro de plata). Sé que suena muy obvio y que es muy difícil verlo en el momento. Casi imposible, la verdad. Si, por ejemplo, tienes el corazón roto porque el hombre que amabas te dejó por otra, probablemente no tengas ni fuerzas para pensar y mucho menos para ver lo positivo que ese rechazo puede tener en ese momento o a futuro. Pero con el tiempo, al mirar atrás, te darás cuenta de que la pérdida de ese empleo, esa relación… no era la desgracia que vislumbraste en ese momento (ni mucho menos) y que ese rechazo, definitivamente, tuvo su lado positivo.

Afortunadamente lo que en un momento nos dolió tanto con el paso del tiempo toma otras dimensiones. El rechazo se vuelve simplemente uno más de los escalones en la escalera del éxito. Un escalón doloroso, pero necesario, por cierto. En vez de verlo como algo definitivo y negativo, tenemos que aprender a lidiar con el rechazo, a levantarnos al día siguiente y continuar con nuestras vidas, ya que lo viviremos de un modo u otro. Cuando algo bueno se va, estamos libres para algo mejor.

Busca apoyo para tus hijos

Cuando tienes hijos, ellos también se verán afectados por la separación. Es inevitable. Por supuesto que cuando los hijos perciben que sus padres tienen una relación cordial, y que pueden contar con ellos a pesar de que no vivan bajo el mismo techo, el daño es menor. Después de todo, una familia no tiene que vivir bajo el mismo techo para serlo. Hay casos de parejas que tienen una gran amistad después de la separación, lo cual es siempre positivo para quienes los rodean, en especial para los hijos.

Una comunicación abierta, enfocada en los hijos, es posible y deseable, desafortunadamente no es algo que suceda en todos los casos. Muchas veces el padre o la madre, además de dejar a su pareja, deja a sus hijos así que ellos también conocen el rechazo y abandono.

Si es posible que se pongan de acuerdo en el tipo de terapia y terapeuta que quieren para sus hijos es fantástico, pero si no, es importante buscar apoyo para ellos ya sea de un maestro, psicólogo escolar, sacerdote, rabino, o quien consideres que puede ayudarlos a superar este bache. Desde luego, como en todo, lo principal es que ellos vean bien a sus padres. Es difícil que un pequeño esté bien después del divorcio de sus padres si éstos están tristes, deprimidos, iracundos o nerviosos. De la misma forma que una mala relación entre los padres durante el matrimonio afecta a los hijos, una mala relación después del divorcio también los afecta y puede lastimarlos profundamente.

Suelta la codependencia. Reencuentros, enganches y el "volver, volver, volver"

Me queda claro que en cosas del amor no hay nada escrito. Cuando termina una relación no sabemos qué va a pasar. Unos se dicen adiós, y sus caminos nunca se vuelven a encontrar; otros acaban volviendo junto a la persona de la que alguna vez dijeron no querer volver a saber en su vida. Dicho musicalmente, algunas parejas se identifican con la canción de T. Ponce Reyes y Alfonso Esparza Oteo: "Que la chancla que yo tiro no la vuelvo a levantar..."; otras, con la que escribió Fernando Z. Maldonado: "Y volver, volver, volver a tus brazos otra vez...".

Ana y Javier se conocieron mientras estudiaban en Estados Unidos. Tuvieron un romance y al terminar los estudios cada quien regresó a su país de origen. Años después, Ana fue a España y le llamó a Javier para saludarlo. Se vieron para tomar un café. Resurgió el romance, se casaron y todavía siguen juntos.

No todos son tan afortunados como Ana y Javier, otros vuelven sólo para darse cuenta de que aquello que tanto te molestaba la primera vez sigue ahí, y terminan definitivamente. Para muchos, es necesario volver para saber que "le echaste todas las ganas a la relación" antes de poder decidir si lo conveniente es seguir juntos o no.

Elizabeth Taylor y Richard Burton se casaron dos veces y lo mismo hicieron Natalie Wood y Robert Wagner. Y si bien es cierto que todo mundo merece una segunda oportunidad, ¿vale también para una tercera, cuarta, quinta o sexta? ¿No será más práctico entender que tal vez no están hechos el uno para el otro? ¿Será eso amor o codependencia?

Recuerdo ahora a mi amiga Jessica. Entre lágrimas, nos contó a todos sus amigos (y otros no tan amigos) las razones que la habían llevado terminar con Rogelio. Habló de lo mal que la trataba y de que no iba a cambiar. Le dimos la razón y la apoyamos. Al mes regresaron. Esto no tendría nada de particular y podría pensarse que fue sólo un pleito más de enamorados. El problema es que la historia se ha repetido infinidad de veces durante la relación y eso no tiene nada de sano. Cuando regresaron la primera vez, pensamos que la historia tendría un final feliz... hasta que volvieron a separarse. Entonces pensábamos que era la ruptura definitiva. En ambos casos nos equivocamos. Ahora sabemos que puede pasar cualquier cosa. Hace poco le pregunté a Jessica qué es lo que la hace volver con él. Me dijo que cuando la busca, él le jura que ya cambió, que tiene razón en sus reclamos, que nunca más volverá a suceder, y ella... le cree. O prefiere creerle, porque a pesar de que está mal con él, dice que sin él sufre más. En su codependencia Jessica piensa que no puede vivir sin su pareja; ha perdido su identidad y vive para él en vez de vivir su propia vida. Ella cree que puede cambiarlo. Nosotros quisiéramos cambiarla, pero sabemos que no podemos.

Como hemos venido diciendo, es importante tener claridad en las relaciones. Ni engañar ni engañarte, pero, sobre todo, no esperar lo que no existe. Por eso es tan importante ver los defectos del otro. Es muy fácil enamorarse de sus cualidades, pero en verdad necesitamos saber cuáles defectos podemos tolerar y cuáles no. Nos cuesta trabajo darnos cuenta, pero un solo defecto basta para opacar todas las cualidades. Por ejemplo, si conocemos a un galán maravilloso, trabajador, guapo, pero (pongan aquí lo que quieran: mujeriego, adicto, flojo) si no podemos tolerar ese defecto, es mejor dejar la relación por la paz, ya que es imposible cambiar a las personas. Tampoco podemos "rescatarlas" y pensar que nuestro amor hará que dejen esas conductas que nos parecen, o son, destructivas. Cuidar de los demás, rescatarlos, es una manera de querer escapar de nuestros problemas, porque esta conducta se basa en la falsa premisa de que se puede cambiar a las personas. Desde luego que las personas cambian, pero lo hacen cuando ellas quieren, cuando les llega su momento y cuando están preparadas para hacerlo. No cuando nosotros queremos que lo hagan.

Melody Beattie, autora de libros sobre la codependencia, dice: "A fin de cuentas, los demás hacen lo que quieren hacer. El hecho de que ellos no tengan razón y nosotros sí, no importa. Tampoco importa que se estén lastimando a sí mismos. No importa el hecho de que nosotros podríamos ayudarles si nos escucharan y si colaboraran con nosotros. NO IMPORTA. La única persona a la que puedes o podrás cambiar es a ti mismo. La única persona a quien te corresponde controlar eres tú".

Conociendo la naturaleza inestable de las relaciones, cuando a mi amigo Javier le comentan que alguna de sus amigas termina una relación, siempre dice: "Pero ¿cómo? ¡Qué barbaridad! Tan buen muchacho que era". ¿De verdad lo piensa? No. Desde luego que no, pero sabio como es y conociendo la naturaleza humana (y a sus amigas) sabe que es mejor quedarse callado o hablar bien del interfecto, ya que en las historias de amor lo que parece ser el punto final, a veces es simplemente un punto y coma.

Muchos hemos vivido una relación que terminamos para reanudar tiempo después. No se trata de juzgar o criticar. Simplemente es algo que necesitamos. En algunas ocasiones la distancia sirve para poner las cosas en claro. En muchas otras, es sólo una forma de codependencia que prolonga algo que debe terminar. En estas idas y vueltas, además, corremos el peligro que las faltas de respeto y desamor se incrementen.

Blanca y su marido se habían separado cuando él decidió dejarla por otra mujer. Cuando se fue de casa, a Blanca se le rompió el corazón. Se sentía herida, traicionada, pero también decía estar profundamente enamorada del que había sido su marido. No entendía qué había pasado en su matrimonio. Lloró durante meses. Una tarde llegó su marido a casa a recoger a los niños que pasarían con él el fin de semana. Le contó que había peleado con su novia, que esa mujer lo había decepcionado. Blanca no podía creer su buena suerte. Le dijo que podía volver a casa cuando él quisiera. Y así lo hizo. Se quedó esa noche y durante las siguientes semanas hasta que la "novia" llamó y su marido salió corriendo a buscarla. Para ese entonces, Blanca se dio cuenta de que estaba embarazada. Pensó que ese hecho bastaría para que su marido reconsiderara la situación. No fue así. Él siguió viendo a la otra mujer, dejó nuevamente a Blanca, sólo que esta vez embarazada. Finalmente, Blanca se divorció cuando estaba a punto de dar a luz.

Si piensas que entre estas idas y vueltas un hijo será la solución para tus problemas, piénsalo dos veces. La mayoría de esas situaciones, la relación terminó y el sexo fue casual, para recordar los viejos tiempos. Por otra parte, los hijos no deben servir para mantener junta a una pareja que ya había decidido divorciarse.

Seguramente habrá a quienes el tener un hijo los una, pero los hijos no son, ni deben ser, un recurso para mejorar un matrimonio, sino una consecuencia de que éste va bien. Quizá para algunos el embarazo sea suficiente motivo para quedarse, pero honestamente ¿para qué quieres a un hombre que quiere con todas las células de su cuerpo estar con otra persona? Es triste que una persona esté contigo no por gusto, sino por obligación o porque no le queda otra opción.

Hay quienes están dispuestos a todo para recuperar a su ex. Ruegan, lloran, suplican, patalean. ¿Funciona? Sí. Algunas veces funciona. Y sí, pueden volver. La manipulación funciona, pero rara vez crea situaciones equilibradas.

Un rechazo es de cierta forma dar la vuelta a la página, un fin. Hay un rechazo que superar, o asumir que en muchos temas actuamos de manera equivocada. Para ello, tenemos que dejar los juicios a un lado ya que solemos ser los jueces más duros. Aprender a reírnos de nosotros mismos, reconocernos como seres fantásticos y aceptarnos como somos.

Recupera tu identidad

Uno de los errores más grandes que podemos cometer es definirnos como: "novias de", "esposas de", "amantes de", "madres de" o "hijas de". Por fantásticas que sean esas personas, es importante mantener nuestra propia identidad. Pocas cosas hay más tristes que ver a una mujer que pasó de ser "hija de" a "señora de" sin hacerse responsable de su vida. Mujeres que son eternas niñas que no han resuelto nada ya que su padre o esposo tomaba esas decisiones. Desde luego que para estas mujeres una ruptura tiene una dificultad adicional, aprender a hacer muchas cosas que no habían hecho jamás, como un presupuesto, organizar y hacer los pagos, revisar que no se venzan los plazos de los seguros, hipotecas, etcétera. Dije "dificultad adicional" y no desventaja, porque aprender a hacer cosas nuevas no es fácil, pero no es una desventaja; por el contrario, puede ser una gran oportunidad para tomar las riendas de nuestra vida en su totalidad.

Cuando nos hemos definido siempre como "la esposa del Lic. Fulano de Tal" el divorcio trae también una pérdida de identidad. Si Fulano de Tal era un hombre especialmente rico, famoso o importante, hay quienes no quieren que el vínculo desaparezca y a pesar de que tienen tiempo divorciados mencionan a su "exmarido" o a la "mamá de sus hijos" todo el tiempo. Pasan de ser "señora de" a "ex de". No pueden soltar que ahora deben definirse sin aquel (o aquella) que fue su pareja.

Además de realizar un trabajo interno, hay que aprender a vivir con una realidad cambiante. Muy probablemente muchas personas que considerabas tus amigos no volverán a llamarte o lo harán muy de vez en cuando para no enfurecer al prominente "ex". Las invitaciones a diversas actividades relacionadas con el trabajo de la expareja también desaparecen al igual que muchos privilegios.

En este camino encontrarás "sorpresas desagradables" y verás la peor cara de muchas personas que en otro tiempo fueron cercanas; ni cómo evitarlo. Siempre hay personas que le rinden pleitesía al puesto y cuando ya no estás vinculada con el puesto, el poder o la fortuna, ya no eres de su interés. Por supuesto que duele, pero finalmente es mucho mejor no compartir la vida con estas "amistades".

Malena se divorció de un hombre importante y acaudalado, perteneciente a una de esas familias de "peso". La causa de la separación fue otra mujer (muy joven, por cierto) y fue un escándalo. Malena siguió viendo a sus compadres más o menos de la misma forma que antes, hasta que ella (tres años después del divorcio) empezó a salir con quien fuera compañero suyo en la universidad hacía varios años. Créanlo o no, los compadres se distanciaron. Cuando Malena preguntó por qué la respuesta fue: "Es que no nos parece correcto salir contigo ahora que tienes novio. Es un mal ejemplo para nuestras hijas". Malena se quedó muda. Durante estos tres años, ellos no habían tenido el menor reparo en salir con el exmarido de Malena y su jovencísima amante. Eso no era mal ejemplo, pero el que ella tuviera un novio formal era intolerable. Sucede que el exmarido de Malena cuando se enteró del novio ardió en celos (con todo y la cuasi adolescente novia) y los complacientes compadres no querían contrariarlo y perder los beneficios de las invitaciones a la casa de la playa, cenas pagadas, etcétera. Malena se preguntó si hubiera sido mejor pasar por alto las infidelidades para tener amigos. Llegó a la conclusión de que a pesar de haber estado cerca durante años, ésos no eran sus amigos, ni era el ejemplo que quería dar a sus hijas.

Un divorcio o una ruptura amorosa es una de estas situaciones que te pone al límite, que te muestra la verdadera cara de algunos y no es agradable. Sin embargo, también te ayuda a definirte, a sacar lo mejor de ti misma, a conocer quién es la gente con la que vale la pena compartir tu vida.

5 Mi nueva vida

Busca nuevos amigos

Además de las consideraciones legales y el proceso relativo a la división de bienes, la custodia y patria potestad de los hijos y acuerdos económicos para la manutención, hay un tema que los abogados, amigos y familiares no explican al hablar del divorcio. Éste implica más rupturas que la conyugal, en muchos casos, el divorcio de los amigos "de toda la vida", los amigos en común o los amigos de tu expareja que con el tiempo aprendiste a querer, respetar y admirar.

El ser nuevamente soltero trae muchos cambios y uno de ellos es la relación con tus amigos. El divorcio es un evento que te permite saber quiénes son tus amigos. Las amistades de la pareja no pueden ser parte de ningún acuerdo con abogados. Lo lógico sería que si las cosas quedan en términos civilizados, los ahora excónyuges puedan ver a sus amigos por separado sin mayor problema. En la vida, lo lógico no siempre sucede. El divorcio marca un cambio en tu vida y, por extraño que parezca, tu decisión incomoda y confronta las vidas de otros. Nuestra decisión de terminar un matrimonio refleja el estado de los suyos.

En nuestro país es común que los matrimonios hagan planes con otras parejas. Piensan en términos de números pares. Por eso las mesas, vajillas, cubiertos y reservaciones para restaurantes son siempre en números pares. Las cenas se organizan para ocho o diez personas. Sencillamente no pensamos en términos de cinco, siete u once. Probablemente al principio las parejas no tengan problema de invitar a cenar a la amiga recién divorciada o incluirla en su plan para ir al cine alguna vez, pero es algo que deja de suceder con el tiempo.

Magdalena y Rubén solían cenar con sus amigos "de toda la vida" los martes. Cuando se divorciaron, Rubén dejó de ir a las cenas y Magdalena empezó a ir sola los martes. Después de un tiempo, Irene llamó a Magdalena para decirle que era mejor que dejara de ir ya que resultaba muy incómodo para todos. Quince años de amistad terminaron en un abrir y cerrar de ojos en el peor momento para Magdalena.

A ciertos maridos, no les gusta que la amiga divorciada esté cerca de sus esposas ya que les "puede meter ideas" (¡como si a ellas no pudieran ocurrírseles!). Y muchas divorciadas se quejan de que los maridos de sus amigas las ven como "presas fáciles" y reciben todo tipo de indirectas (y otras bien directas) de su parte. Los hombres divorciados corren una suerte diferente. Siguen siendo bienvenidos a las cenas, solos o con la novia en turno. Mientras estén "a la vista" no hay problema. Lo que las mujeres detestan es que sus maridos salgan a comer, cenar, al bar o antro con sus amigos divorciados. Cuando lo hacen, ellos son el enemigo público número uno.

Supongo que gran parte del problema es que la gente que no ha pasado por eso no entiende lo doloroso de la decisión. Un divorcio no es una decisión que se toma repentinamente, ni es fácil. No es algo así como un antojo con el que uno amanece un día: "Mmm, ¿qué haré? ¿Y si me divorcio?". Como quien decide si quiere desayunar café o té. El divorcio generalmente es resultado de mucho tiempo de relaciones llenas de desamor, infelicidad y, en algunos casos, maltrato. Esa ignorancia o desconocimiento o prejuicios de la situación nos lleva a juicios erróneos o a alejar de nuestra vida a gente valiosa y que necesita nuestro apoyo.

¿Dónde conocer gente? ¿Cómo hacer nuevos amigos?

1. Haz lo que te gusta hacer. Si te gusta el ciclismo, la ópera, la meditación, el yoga, el alpinismo o el ballet, asiste a lugares donde haya ese tipo de eventos, así tienes más posibilidades de conocer a gente con intereses similares a los tuyos.

2. Bares, antros y demás. Hay quien piensa que no vale la pena y que nada bueno puede salir de un antro. ¿Cómo saberlo? A menos que detestes a la gente que bebe o fuma, puede ser un buen lugar para conocer a alguien.

3. Internet. Hay muchas opciones en internet para buscar pareja. Recuerda que hay que estar alerta, porque puede haber muchos farsantes en estos medios. Sin embargo, conozco a parejas que se han encontrado a través de match.com. Hay muchos sitios para buscar una relación casual que no pase de una noche o algo más serio. Depende de lo que estés buscando en un determinado momento.

4. Elimina tus expectativas. Si sales con tus amigas, vas a un concierto, evento, o lo que sea, elimina las expectativas de que te vas a topar con alguien. Tu objetivo es pasártela bien con quien quedaste en el lugar que quedaste, no ligar ni conocer gente. Si llegas a conocer a alguien que te interese o te topas con alguien que no habías visto en mucho tiempo y te gusta, enhorabuena, pero no debes decepcionarte si no sucede nada.

5. Arréglate. No sabemos a quién nos vamos a encontrar. Para evitar la ley de Murphy y que nos encuentre el hombre perfecto en nuestras peores garras, haz un esfuerzo por arreglarte todos los días. Con la ventaja de que si te ves bien, te sientes bien. Lucy Lara coautora de *El poder de la ropa* (Editorial Océano) me comentó alguna vez mientras la entrevistaba: "Si te sientes mal, arréglate bien". Es importante hacer un esfuerzo doble para arreglarnos cuando nos sentimos tristes o deprimidos para combatir ese estado.

Solteros y casados no se llevan

Es importante que busquemos amistades y actividades acordes a nuestro nuevo estado civil: solteros. A pesar de que estamos en pleno siglo XXI y nos gusta pensar que somos abiertos y liberales, en lo que concierne a las relaciones entre solteros y parejas establecidas somos muy conservadores. Como decíamos anteriormente, cualquiera que se haya divorciado puede dar cuenta de que todavía hay muchos prejuicios. Las mujeres divorciadas se vuelven la "amenaza pública número uno" para algunas casadas, que prefieren terminar o enfriar la amistad con ellas. Nada de cenitas el fin de semana ni idas al cine. (Nótese que estas "amenazas" son las mismas a las que antes llamaban "amigas".) Los hombres generalmente no tienen este problema, si llegan solos a las fiestas o cenas sus amigas o esposas de sus amigos son muy amables y los colman de atenciones. Los maridos no se encelan (o no lo demuestran porque no quieren parecer inseguros) y además se trata de sus cuates.

Así como el volante y el alcohol no combinan, las mujeres solas en las fiestas de casados levantan un escozor particular en las casadas. El que una mujer soltera vaya sin pareja a una fiesta de casados es una pésima idea. Es necesario adoptar la política de asistir a fiestas de casados acompañada (por un hombre, claro; si es otra divorciada, se duplica el problema). En estas fiestas, cualquier cosa que hagas puede ser utilizada en tu contra. Si platicas con ambos: malo; si hablas sólo con el marido, mucho peor. Si se te ocurre bailar con el marido de alguna de tus amigas, corres el peligro de que te echen las peores miradas otras asistentes o de plano quedarte en la pista bailando sola cuando su mujer corra desde el otro extremo del salón para decirle a su marido: "¡Amor: están tocando nuestra canción!", mientras se lo lleva (y tú te quedes pensando: "¿Cómo? ¿Su canción es 'Lobo', la de Dulce? Bueno, para todo hay gustos").

Salvo las parejas muégano o las que son muy recientes, las más veteranas llegan y se van juntas de la fiesta pero la mayor parte del tiempo cada uno está con sus amigos o amigas y rara vez se voltean a ver. Salvo, claro está, si al marido se le ocurre hablar con una mujer soltera. Ahí la cosa cambia. El otro día llegué a una fiesta y me encontré de lejos a un amigo que no veía hace muchos años. Él estaba hablando con unos amigos y su esposa bailaba con sus amigas. Cuando regresé de saludar a unas amigas, me lo topé de frente (su esposa seguía bailando) y nos saludamos. Me preguntó por mi trabajo, yo por el suyo, nada fuera de lo común. No habían pasado ni tres minutos cuando llegó la esposa acompañada de una amiga y se pararon, en perfecta pose de cadete militar, junto al esposo. Confieso que de entrada no entendí la ridícula actitud. Silencio sepulcral. Después de unos incómodos segundos, me presenté con la amiga y le dije a la esposa sonriendo: "Hola, creo que ya nos habíamos saludado hace un rato cuando me pediste el cigarro, ¿te acuerdas?". El marido (mi amigo) no dijo nada. Solamente las miraba con una expresión de incredulidad y enojo. Ellas se quedaron mudas (espero que hayan caído en cuenta de su inseguridad y el papelón que hicieron). Terminé la conversación y me fui. Como se podrán imaginar, segundos más tarde la esposa se fue a bailar nuevamente y no volvió a mirar a su marido. No puedo negar que fue una situación incómoda para mí, pero para mi amigo, después del papelón de su mujer, debe de haber sido mucho peor.

En cuestiones matrimoniales caras vemos, corazones no sabemos, supongo que muchos de esos matrimonios no funcionan tan bien como parece y por eso algunas mujeres perciben a las divorciadas o solteras como una amenaza que hay que evitar a toda costa. Estas actitudes denotan una gran inseguridad y falta de autoestima. Lejos de andar celando a los maridos y preocupándose por las mujeres divorciadas, deberían mirar hacia su vida y ver qué es lo que está mal de su relación y qué las hace sentirse así.

La sana división de los antros

El otro día hablaba con unos amigos de lo conveniente que sería repartir los antros y demás lugares a donde solíamos ir con nuestra pareja cuando la relación termina. Si divide uno tantas cosas, éstos no deberían ser la excepción. Cuando conocemos a alguien y empezamos a salir, inmediatamente lo llevamos a nuestros lugares favoritos: nuestras guaridas; el cine al que nos gusta ir; el restaurante donde preparan la comida que nos encanta; el bar o antro donde mejor nos la pasamos. Tu pareja, en reciprocidad, hace lo mismo. Además están los lugares que descubres junto a él. Cuando el susodicho deja de ser el mero mero y la relación termina, estos lugares que tanto nos gustaban se vuelven un campo minado, a los cuales mejor ni nos acercamos por miedo de toparnos al ex. ¿Les ha pasado?

En la charla, Rebeca alegaba que debería haber un acuerdo de respetar las "guaridas" del otro. Ella no quiere volver a pisar los cines cercanos a su casa porque no se quiere topar con su ex, y menos, si está con otra. Laura le dio la razón, aunque solía opinar lo contrario. Y es que al son de "aquí no pasa nada", siguió frecuentando el antro al que iba con su ex. Siempre sospechamos que en el fondo ir a ese bar era para ella una oportunidad de encontrarse a su ex (a quien apodamos "el innombrable"). Por supuesto que Laura se lo topó varias veces. Y en una de ésas acabaron volviendo, pero el dolor del reencuentro con "el innombrable" fue mil veces peor que una cruda de brandy con coca y azúcar. Fue entonces cuando cambió de opinión y decidió no tentar tanto a la suerte.

La verdad, encontrarse a los ex resulta molesto, sobre todo si la ruptura es muy reciente o las cosas no acabaron bien. El mes pasado me topé con un ex en uno de mis sitios favoritos. Iba acompañado y, lo reconozco, la situación fue muy incómoda. Un amigo me dijo: "Tienes dos opciones. La educada, que es saludar, o la fácil, que es hacer como que no lo viste. ¿Debía fingir demencia? No. Elegí la primera opción porque a pesar de ser incómoda, das un lugar digno a la persona y a la relación. Supongo que para evitar estos encontronazos, lo más práctico debería ser la sana división de los antros. Cada uno es libre de ir adondequiera, con quienquiera y cuando quiera; pero habiendo tantos lugares adonde ir, ¿cuál es la necesidad de ir al antro donde sabes que se reúne tu ex con sus amigos todos los viernes? Ninguna. Una amiga dice que si su ex va acompañado al antro al que iba contigo o donde sabe que va a encontrarte, es porque quiere que lo veas. En el fondo, hay una intención (medio negra, aclaro) de que te enteres de que rehízo su vida o está bien. Puede ser o bien puede ser fruto de la casualidad. Lo cierto es que pocas veces los encontronazos resultan positivos. Mi amiga Carla se topó con un ex en una comida multitudinaria. Lo primero que pensó fue: "¿Será? ¡Huy, cuánto tiempo sin verlo!". Lo miró y nada: el tipo no movió ni un músculo de la cara. Ella se sintió totalmente fuera de balance. ¿Qué hacer? "¿Lo saludo de lejos? ¿No lo saludo?" La timidez la paralizó y decidió mirar para otro lado. Él decidió lo mismo, y pasaron todo el tiempo evadiéndose. Después de aquello, Carla pensó que tal vez nunca sabremos las causas por las que otros deciden volvernos "invisibles", pero se dio cuenta de que ella también había escogido, de alguna manera, ser invisible, porque podía haber saludado, pero eligió no hacerlo.

Hay una frase atribuida a Schopenhauer: "Todo encuentro casual es una cita". Entonces, cuando te encuentras a tu ex (o a quien sea, para el caso) es por algo. Así que habrá que ver qué de provecho le encuentras al asunto. Es prácticamente imposible saber cuándo nos vamos a topar con alguien. Si estás en la etapa en que es muy difícil verle la cara a tu ex, pues mejor deja de ir a tu antro favorito. Pero si te resistes a ser rehén de una posibilidad y piensas que el destino te tiene preparada una cita, puedes topártelo en cualquier parte: en el súper, a la vuelta de tu casa o a mil kilómetros. Así son las cosas. En esas circunstancias ya cada quien sabrá si prefiere saludar o hacerse el occiso. Cuando optamos por ser invisibles, después podríamos arrepentirnos por desperdiciar la oportunidad de saludar al otro y saber cómo le va.

Mi pareja y las parejas de mi ex

Aceptémoslo, por mucho que lo neguemos el que nuestra expareja salga o se enamore de alguien más no es cosa fácil. En especial cuando la ruptura es reciente. Para complicar más las cosas, nos comparamos con ella aunque no nos guste aceptarlo y buscamos todos sus defectos. Y sí, muy probablemente encontremos miles de defectos y si la ruptura fue abrupta o, peor aún, esa persona fue la causa de la ruptura es difícil que la veamos con buenos ojos.

Es importante tener la autoestima bien plantada para no compararnos desfavorablemente con el novio de la exesposa o la novia de tu exmarido. Que si son más jóvenes, guapos, exitosos, inteligentes o poderosos… estas comparaciones nos hacen sentir mal. Además muchas veces tenemos que soportar ciertos comentarios, porque no falta quien diga frente a ti que se toparon a tu ex con su novia y que resultó ser encantadora. (De verdad que hay gente con falta de tacto. Aunque sea cierto, no es algo que queramos escuchar.)

Alguna vez escuché a una mujer decirle a otra que acaba de divorciarse debido a una infidelidad, que las amantes son "ángeles" que ayudan a que una relación que seguramente iba mal termine. Yo no sé qué sintió la mujer a quien se lo dijeron, pero yo me quedé helada. Ella elegantemente dijo que iba a saludar a alguien y se fue de ahí. Es triste pero no estamos exentos de escuchar después de una ruptura todo tipo de consejos y comentarios que nos duelen profundamente.

Si no tienes hijos, quizá no haya ninguna razón para que vuelvas a ver a tu ex ni sepas quién es su nueva pareja. Puedes hablar pestes de ella. Pero si tienes hijos con tu ex, lo más sensato es guardar nuestras críticas e insultos para nosotros y nuestro terapeuta.

Por lo anterior, reitero que aunque tengas razón no es buena idea ocupar tu tiempo hablando mal de tu ex, porque además de que la gente te percibe como ardida, es el mejor método de ahuyentar a un posible galán. Además, para los amigos en común es muy incómodo, porque si bien entienden que se equivocaron, no dejarán de ser sus amigos.

Podemos odiarlas, pero debemos respetarlas

I

Alejandra tenía lo que ella creía era un buen matrimonio. Once años de casada, dos pequeños. Su burbuja se derrumbó cuando supo que su marido tenía una amante: la recepcionista de su oficina. Lo dejó. Él se casó con ella.

II

Martín y Susana se habían enamorado en secundaria. Fueron novios desde entonces. Se casaron jóvenes y tuvieron a Miguel también muy jóvenes. Martín trabajaba de sol a sol pero no ganaba mucho dinero. Cuando su hijito tenía cuatro años Susana dejó a Martín para irse a vivir con otro hombre. Sobra decir que el divorcio fue muy amargo.

Casos como el de Alejandra o Martín son comunes. Podemos entender que no puedan soportar a la pareja de su ex. Es muy difícil que no la culpen de su infelicidad, y la sola mención del nombre de esa persona les provoque náuseas. Sin embargo, es necesario entender que el insultarlos, hablar mal de ellos, criticarlos o maltratarlos no ayuda a hacer más sencillo el proceso de divorcio.

Es difícil, pero posible. Después de su separación, Norma mandaba a sus hijos de 6, 8 y 12 años con algún detalle para la pareja de su padre —y causante del divorcio—, Inés. Nada extravagante, una revista o un chocolate. Muchos no comprendían su actitud. Norma sabiamente nos dijo: "No soporto a Inés, no la considero una buena persona. Sin embargo, Antón está muy enamorado de ella y piensan casarse. Mis hijos van a tener que convivir con ella muchos años, así qué mejor que se lleven bien y que yo pueda llamar tranquilamente a su casa cuando mis hijos están con ellos".

Sabia Norma. Entendió que el odiar a Inés no serviría de mucho ya que su marido se había enamorado de ella, al grado de pedirle el divorcio. Decidió que ya que su matrimonio se había acabado, lo mejor para sus hijos es que tuvieran una buena relación con su padre y sería muy difícil que eso sucediera si no podían tener una relación cordial con Inés. Su actitud la ayudó, ya que todos a su alrededor reconocieron su gesto. Parece un poco antinatural en esos momentos, sin embargo, una actitud civilizada tiene sus beneficios.

Celos de las nuevas parejas

El sentir celos de las nuevas parejas es algo común, y aunque son arrebatos humanos, también son bastante inútiles porque ninguna relación puede ser igual a otra. Si lo piensas, te darás cuenta de que cada una de las relaciones que has tenido ha sido diferente. Una misma persona será diferente con cada persona que esté y, por ende, no puede reproducir lo que tenía en una relación pasada. Es imposible. Ésa es la magia de ser únicos e irrepetibles. Pasar horas tratando de entender por qué tu expareja se enamoró de alguien más es una pérdida de tiempo y posiblemente no obtendremos nada positivo de ello. Además de sentirnos mal y perder el tiempo, nos sigue enganchando al ex.

La educación de los hijos

Un tema espinoso es siempre la educación de los hijos por parte de los padrastros o madrastras. Alguna vez escuché a un francés decir que él tenía derecho a educar al hijo de su mujer ya que él pagaba los gastos del niño. No sé qué opinaría el padre de la criatura, en especial porque el francés consideraba que los golpes eran una buena manera de educar. Pague quien pague, en mi opinión, educar es facultad y responsabilidad de los padres, independientemente del estatus de su relación. Lo ideal es que ellos se pongan de acuerdo.

Ahora bien, si hay niños bajo tu custodia, sean hijos de tu pareja o de tu hermana o amiga, no vas a permitir que se lastimen jugando con cuchillos. El que no sea tu responsabilidad que hagan la tarea, no quiere decir que los dejarás prender fuego a su habitación.

Lejos de ver a la nueva pareja de tu ex como el enemigo, piensa que puede ser una buena aliada. Si van a pasar tiempo con ellos, ¿no es mejor que tengamos una buena relación? Si logramos tener una relación cordial, será mucho más fácil hablar para saber si los retoños se tomaron la medicina cuando están en casa de tu ex, y en general les hará la vida más fácil a todos.

6 Manejar por separado lo que tenemos en común

¿Seguir en el pleito o reconciliarse?

Dicen que no hay mal que dure cien años. Cierto, sin embargo existen pleitos que parecen no tener fin y también hay quienes hacen todo lo posible para que éstos no se resuelvan. A pesar de que nos gustaría evitarlos, es prácticamente imposible que en nuestra vida no se susciten conflictos. Algunos serán pequeños, otros mayores, pero siempre los habrá. El que haya conflictos no es lo importante, lo fundamental es cómo reaccionamos cuando se presentan y cómo los resolvemos. Así como aceptar que tenemos un problema es el primer paso para resolverlo, la primera pregunta ante un conflicto sería cuestionarnos si queremos resolverlo.

Por supuesto que la mayoría dirá que quiere resolver el problema, pero, al igual que en otras situaciones, esto no es una cuestión de palabras. Para que un conflicto llegue a su fin tiene que haber voluntad de los involucrados y, tristemente, algunas veces no existe. Esa falta de voluntad es una clara señal de que en realidad lo que quieren es seguir peleando. Hay varias señales de esta intención, como repetir las conductas que saben que molestan al otro para que estalle y empiece nuevamente el conflicto. Su necesidad de seguir en el pleito es grande, así que si la conducta inicial es ignorada, buscarán otra manera de sacarlos de sus casillas y continuar la refriega.

Aferrarse a tener la razón es una señal clara de no querer solucionar un conflicto. Los adictos a tener la razón son capaces de discutir por horas enteras para "probar" que están en lo correcto. No pueden escuchar al otro ni mucho menos ponerse en sus zapatos. Seguirán insistiendo en que están en lo correcto, aunque su actitud los perjudique y las consecuencias sean muy duras. Prefieren dejar de hablar con sus hijos durante meses, antes que aceptar que están equivocados. Aceptar que no tenemos la razón y reconocer nuestros errores es difícil, pero la adicción a tener la razón, además de que no nos permite solucionar el conflicto, lo agrava.

Hay que aclarar que una cosa es defender nuestros derechos o poner límites en una relación y otra muy diferente es querer salirnos siempre con la nuestra. Como bien saben los negociadores, hay que llegar a un punto en que ambas partes queden satisfechas. No importa si el conflicto es de índole laboral, familiar o sentimental; si verdaderamente queremos solucionarlo y llegar a este punto medio tenemos que tratar de entender el punto de vista del otro. No hay otro camino.

Otro indicio claro de que no queremos solucionar el problema son las formas que usamos. Si ante un problema empezamos a proferir insultos y gritos, las probabilidades de resolverlo sin que se dañe la relación disminuyen con cada exabrupto. Y ojo, porque nuestra personalidad y educación se revelan también en esos momentos. El tratar de tapar una mentira con otra invariablemente nos llevará a seguir mintiendo y, por ende, a más conflictos. La honestidad es necesaria para poder solucionar un problema.

La vida, ya lo dije antes, no es de blancos y negros, sino de una infinita gama de grises. La mayoría de las veces las situaciones no son categóricas, sino que ambos tienen algo de razón (y culpa) en el conflicto. Un amigo hace unos años me dijo: "No pienses en ganar un pleito o una discusión, eso es aferrarse a tener la razón y, cuando eso sucede, en realidad nadie gana. Piensa mejor en que más allá de probar que tienes razón y ganar el pleito, la que debe salir ganando es la relación. Si la relación con la persona que tienes el problema (sea tu jefe, hijo, pariente, exmarido o amigo) gana, será lo mejor para la relación y, desde luego, para ti".

Si las partes involucradas en un conflicto verdaderamente quieren solucionarlo, no hay razón por la cual no se llegue a un acuerdo. Un conocido refrán habla sobre la responsabilidad mutua en un conflicto: "No pelean dos, no queriendo uno". Supongo que funciona también a la inversa. No se pueden reconciliar dos, no queriendo uno. Espero que nadie tenga un conflicto, pero si sucede hay que preguntarnos: "¿De verdad quiero solucionarlo o lo que quiero es seguir peleando?". Si somos honestos con nosotros mismos y encontramos que lo que queremos es continuar el conflicto, quizá sea un buen momento para reflexionar que lo importante no es ganar el pleito, sino que gane la relación.

Razones para seguirse viendo: hijos, negocios en común, amigos, trabajo y mascotas

Después de una separación es posible que no quieras saber nada de esa persona con la que compartiste tu vida y en algunos casos no hay necesidad de hacerlo. Una vez que la relación termina, no hay nada que justifique una llamada, o un café. Sin embargo, hay otras situaciones en las que, independientemente de que quieran verse o no, tienen que hacerlo para resolver temas en común.

Cuando una relación termina no se cancelan las responsabilidades en común como son los hijos, una razón de peso para luchar por que la relación esté en los términos más cordiales posibles. Podemos ser exmarido y exmujer pero no se puede ser expadres, así que lo ideal sería tener una relación de comunicación y respeto. El problema es que lo ideal no siempre es posible y vemos frecuentemente casos en que los hijos están en medio o son usados como instrumento para chantajear al otro.

Por otra parte, el que una pareja no tenga hijos no quiere decir que no tenga temas que solucionar o razones para seguirse viendo como: mascotas, negocios, hipotecas. En ambos casos el dinero es un eterno dolor de cabeza. Hay que dividir las propiedades en común: ya sea un departamento o libros. Para muchos, estos acuerdos son difíciles porque además del valor económico está el valor sentimental. Por otra parte, hay temas económicos de responsabilidades compartidas como una hipoteca o un crédito, negocios en común que no se extinguen a pesar de que la relación haya terminado. Es mejor aclarar las cosas y decidir si se sigue como socios o si hay posibilidad de que uno compre al otro su parte.

Manuel terminó su relación de años con Gerardo. Fue una separación amistosa pero que le causó mucho dolor a Manuel. En un principio, Manuel pensó en disolver la sociedad del negocio que tenía con Gerardo, pero decidió que era un buen negocio y que no convenía cerrarlo. Habló con Gerardo y pusieron reglas claras para el buen funcionamiento del negocio. Ambos se comprometieron a no involucrar a sus nuevas parejas en el negocio. El separar las cosas y hablar claro sobre lo que les molestaba rindió frutos: el negocio va viento en popa y ellos tienen una excelente comunicación, lo que les ha permitido resolver los problemas del negocio, sin entrar en ámbitos personales.

Los pleitos no son positivos. A pesar de que uno gane, hay otro u otros que salen perdiendo. Sin embargo, en ocasiones sentimos que para defender lo que es nuestro derecho es necesario entrar a un pleito, sin conocer la medida del desgaste emocional que una situación así conlleva. Lo ideal sería que pudiésemos terminar las relaciones de una manera tan cordial como cuando empezamos, pero es difícil. Una manera de ayudar a que esto suceda es la mediación de la que hablábamos en el desacoplamiento consciente.

Mediación

La mediación es una alternativa a la solución de controversias. Un mediador es una persona especializada en resolver conflictos. El resultado de la mediación generalmente es privado, pero en ciertos casos puede someterse a un juzgado o que la decisión del mediador sea acatada por ambos.

Hay que recordar que el trabajo de un mediador es justo eso: mediar. Entonces tienes que estar también dispuesto a escuchar las peticiones de la otra parte y a ceder. Si no estás dispuesto a ceder ni un ápice lo que quieres es pleito y, para eso, lo mejor que puedes hacer es buscarte un buen abogado.

Tuve la oportunidad de entrevistar a Francisco Giménez-Salinas, abogado y mediador certificado, para que me explicara en qué consiste la mediación, pero sobre todo los beneficios que tiene elegir una mediación sobre un proceso judicial.

¿En qué consiste la mediación? ¿Cuáles son sus beneficios?

Imaginemos a una pareja que se está divorciando en muy buenos términos. No tienen hijos ni patrimonio en común. Acordaron que ella regresaría a vivir a su departamento de soltera al que tenía que hacer algunos ajustes, en el baño y cocina. Mientras se llevaban a cabo los arreglos, viviría en el que fuera domicilio en común y durante ese tiempo él se quedaría en un hotel. A pesar del acuerdo, él estaba muy nervioso y visitaba dos o tres veces al día la casa que compartían. Desde luego que esta situación ocasionó mucha tensión a ambos. Preocupada por que la relación se deterioraba, ella se comunicó con un mediador quien le recomendó que hablara con él y le preguntara qué estaba pasando. Su exmarido le dijo que su abogado le había aconsejado que no se fuera para que no lo acusaran de abandono de hogar. El abogado lo que buscaba era proteger a su cliente, y eso está bien, pero esa protección dañó la comunicación y generó una desconfianza ("en caso de" o "no vaya a ser") que distorsionó la información y las necesidades reales o las soluciones que podían existir. Ella le aseguró que no lo acusaría y a su vez le confesó sus preocupaciones. Él no volvió a entrar hasta que ella se mudó. Fin del conflicto.

¿Qué hace un mediador?

Las situaciones de conflicto generan una desestabilización muy grande de toda la estructura de confianza, lo que arroja a los miembros del conflicto hacia las trincheras e imposibilita una comunicación fructífera. Además se alimentan percepciones erróneas.

De lo que se tiene que ocupar un mediador es de restablecer esa situación de confianza y de generar un puente de comunicación en situaciones de mucha tensión, sin desproteger a las partes. Debe buscar generar un entorno de seguridad en donde las partes puedan expresar sus necesidades y construir una dinámica colaborativa distinta. Eso se puede lograr siendo imparcial y es muy difícil hacerlo si representas sólo a una de las partes, porque la otra persona no te va a dar información si cree que la puedes utilizar en su contra. Los mediadores buscan generar fuertes vínculos de confianza, entender los miedos, no juzgarlos, no cambiarlos, pero trabajarlos con las partes para crear confianza.

Cuando hemos generado un entorno comunicativo entramos a lo que llamamos negociación colaborativa, la cual es muy importante en las relaciones de familia o sociedad. No se trata de que uno gane y otro pierda. Nosotros como mediadores lo que introducimos a la negociación colaborativa son necesidades, no cifras. Establecemos criterios, niveles de transparencia, porque en una negociación de *fair play*, más que pedir una cifra, abrimos un debate acerca de cuánto hay y cuánto se necesita.

Los pleitos del divorcio son, en algunos casos, la madre de todas las batallas. Hay que entender muy bien el fenómeno: en los divorcios hay un desajuste temporal muy grande entre quien toma y quien recibe la decisión. Uno de los involucrados ya ha venido construyendo su decisión a lo largo de mucho tiempo y al otro le puede caer de absoluta sorpresa.

También existe un fuerte de cambio de roles. El padre que se apoyaba muchísimo en la madre para atender el tema emocional de sus hijos, se tiene que empezar a ocupar de algo de lo que nunca se había hecho cargo y esto genera una disputa muy grande por inseguridades: "Es que no tiene ni idea de cómo cuidar a mis hijos". En una mediación estás tocando todos los temas que le interesan a las partes: la pensión, el domicilio, el cambio de roles y la educación de los hijos. La negociación colaborativa hace que ambos trabajen en equipo. En vez de que uno diga: "Que baje sus gastos", y el otro diga: "Que me dé más pensión", ambos trabajan para resolver el problema en común. "Tenemos que conseguir más ingresos y hacer menos gastos." Éste es ya un planteamiento de equipo que quiere decir: resolvamos esto como si siguiéramos casados.

¿Qué tan complicado es llevar este acuerdo con el juez para que tenga validez legal?
Es un acuerdo que, si se quiere, se puede formalizar sin ningún problema. Igual que si lo hubieras hecho entre abogados. Es un acuerdo que incluso lo pueden revisar los abogados. Nosotros lo que hacemos, como mediadores, es plasmar los acuerdos a los que han llegado con palabras nuestras. Y ese documento puede llevarse a un abogado para darle forma jurídica. Porque también el papel de los abogados es importante. El acuerdo simplemente lo hacemos en nuestras palabras y los abogados dan forma como convenio regulador de divorcio.

¿Cuál es la diferencia entre un mediador y un abogado?
La actitud mediadora es de no juzgar nunca. Ni siquiera casi de dar consejos. Y esto para la formación de un mediador profesional requiere de mucho reaprendizaje. Sobre todo si vienes de la abogacía, que es casi lo contrario. Pero este no juzgar lo que te permite es no imponer, orientar la mirada poco a poco, para que suelten los temas en los que estás atorado. Por ejemplo, en un caso en

el que el perdón jugó un papel clave, en los primeros momentos del divorcio ella se marchó a su país de origen con sus hijos, lo cual abrió una herida muy grande en él. Desde su interpretación de los hechos, él pensó que ella estaba dispuesta a quitarle a sus hijos y eso condicionó muchísimo la negociación. Cuando ese tema se puso sobre la mesa, ella explicó que en realidad tenía una depresión terrible y que no es que no quisiera volver, sino que no podía. Pidió perdón por el sufrimiento que le hizo pasar y la situación cambió. El perdón desatora millones de cosas.

Francisco Giménez-Salinas es abogado y mediador certificado con estudios de maestría en mediación por la Universidad de Barcelona. Como consultor en negociación y mediación de conflictos ha trabajado, entre otros, para el Banco Mundial, el Centro de Colaboración Cívica, A. C., el Centro Nacional para la Prevención del Delito y Participación Ciudadana, Oxfam España, así como para particulares y empresas en los ámbitos intraorganizacionales, laborales, mercantiles, familiares y comunitarios. www.conflictsherpa.com

Asume responsabilidades

Una ruptura no te exime de responsabilidades, ya sea como padres, socios o propietarios de una mascota. Como decíamos al inicio del capítulo, no eres un expadre o exmadre. Un mediador te puede ayudar a resolver los temas cotidianos para llegar a un razonable acuerdo de divorcio. Sin embargo, para conducir la nueva relación día a día ambas partes tienen que continuar con una actitud de colaboración.

Un error común es pensar que cuando nos divorciamos se acaban los problemas. Sí, se acaban algunos de los problemas que tenías como pareja, pero en su lugar llegan otros: ya sea ponerse de acuerdo para las vacaciones, las visitas a los hijos, pagos de sus gastos, entre algunos más. Sin una actitud de colaboración será más difícil llegar a estos acuerdos.

Parte importante de este esfuerzo de colaboración es cumplir con los acuerdos. Llegar a la hora que dijimos y depositar el día en que quedamos, por ejemplo. Si por alguna razón no podemos hacerlo, es importante avisar con antelación y cuando la situación cambia, hay que llegar a nuevos acuerdos. Tener una buena relación tiene consecuencias positivas para todos los involucrados.

Miriam, quien tiene una excelente relación con el padre de sus hijos, dice que para ellos la clave está en tomar todas las decisiones de sus hijos como si estuvieran casados. Tienen que pedir los mismos permisos, independientemente de si están con su papá o mamá. Si alguno de los dos impone un castigo, el otro lo cumple. Se ponen de acuerdo para todo. Miriam dice que esto hace que ambos se sientan respetados por su expareja como padres de sus hijos. A pesar de que ambos están casados nuevamente, saben que tienen un lugar en la vida del otro como padre/madre de sus hijos.

7 Las locuras del desamor

Hace unos días discutía con un amigo acerca de las locuras que cometemos por amor. Él alegaba que son los hombres quienes cometen esas locuras. Yo argumentaba que las locuras no tienen género, edad ni condición social. En algún momento de nuestra vida, todos hemos cometido una locura de amor.

Hay que reconocerlo, hay de locuras a locuras. Las irrisorias, que no tienen mayor consecuencia. Algo así como malgastar horas dando vueltas por cierta calle donde vive el susodicho a ver si "de casualidad" te lo topas. Después estarían las que para ojos del mundo entero son locuras, pero para nosotros funcionan de una manera positiva. En un tercer grupo estarían las que cambian el rumbo de nuestra vida para mal y nos dejan como la canción: flacos, ojerosos, cansados y sin ilusiones. Hay que entender que las locuras de amor deben parecerse más a la locura que al amor.

Mi amiga Carolina tiene una sabia teoría. Ella opina que las emociones fuertes de tu vida no deben provenir de tus relaciones sentimentales, sino de tus logros en el trabajo, actividades, metas y logros. Las relaciones son para compartir, darte estabilidad y un sentido de bienestar. Estar en un sube y baja emocional por lo que hace o deja de hacer otra persona no es nada sano.

Según Carolina, las personas que no han podido construir una vida que les guste y sea emocionante buscan en las relaciones esa adrenalina que la vida (o más bien ellos mismos) no les ha dado. El que todas tus ambiciones o esperanzas estén puestas en una relación o en la falta de ella habla de que tu vida está en un serio desequilibrio. Cuando uno tiene la cabeza felizmente entretenida, en el trabajo, proyectos, amigos o familia, difícilmente tendrás ganas de estar en una relación destructiva. Los adictos a buscar adrenalina en la relación de pareja son personas que caen en relaciones destructivas cada dos por tres y, además, hacen difícil la convivencia con ellos. Su tema de conversación se centra únicamente en su relación y les parece que nadie vive lo que ellos. Si tratas de interpelar o hacerlos entrar en razón generalmente responden: "Es que tú no entiendes".

De acuerdo con la psicoanalista Alexis Schreck existen mujeres y hombres adictos al conflicto que se genera en una relación. Este tipo de relaciones son de tres: la pareja más el conflicto. Las personas con esta adicción, si no están dentro de una relación conflictiva, sienten que están muertas ante un espejo que no refleja nada. Tampoco funciona que reflejen "normalidad". Una proposición de matrimonio con luna de miel y la posibilidad de una vida tranquila no sirve. Eso no reflejaría nada. Para sentirse vivos necesitan el conflicto, y mucho. Ella lo ejemplifica con la canción de Rihanna y Eminem "Love the Way You Lie".

Por supuesto que lejos de atribuir la culpa a su actitud, consideran que el culpable de todos sus males es "el otro", y nunca se ponen a pensar que son ellas o ellos quienes eligieron salir con alguien que no está disponible, que tiene problemas de adicciones, que se dedica a negocios ilícitos o criminales y que deben buscar ayuda profesional lo antes posible.

Si lo que están buscando son emociones fuertes en su vida, pues habría que tirarse de un paracaídas, hacer alpinismo, bucear en las profundidades marinas, etcétera. Lo peor que puedes hacer es buscar pasiones desbordantes para encontrar adrenalina. Si estás en una relación que no te deja dormir, te coloca en un estado de perpetua angustia, inseguridad o celos, es un síntoma claro de que las cosas no van bien.

Cuando tu vida está en equilibrio, estás contenta en tu trabajo, tus relaciones familiares y personales son armoniosas, tienes amigos, es más fácil sobrellevar los problemas que se presentan. En este supuesto, una relación se disfruta, no se padece. Existe una gran diferencia entre las relaciones que se sufren como un terrible dolor de cabeza y las que se gozan. En éstas, cuando llega la etapa de enamoramiento, por supuesto que habrá euforia y mariposas en la panza, pero eso no quiere decir que vas a faltar a tus obligaciones y dejar de ir al trabajo para estar con tu pareja. Si la relación no va bien, entonces pondrás tu mejor esfuerzo para restablecer el equilibrio. En el supuesto de que la relación no funcione y termine, estarás triste, pasarás un periodo de duelo y al finalizar estarás lista para seguir con tu vida. La relación no era la fuente de adrenalina y emociones en tu vida y, aunque duela, tienes muchas otras cosas por las cuales seguir adelante.

Cosas que no debes hacer cuando truenas, pero son lo primero que se te ocurre

Aceptémoslo. Terminar una relación es devastador. Si pudiéramos compararlo se parecería a ser atropellado por un auto. Planes rotos, un enorme dolor, miedo, incertidumbre. A diferencia del dolor físico que en muchos casos es visible, las heridas del corazón son invisibles para quienes nos rodean, pero también para nosotros mismos. Si no nos percatamos de esos sentimientos que nos agobian, ¿cómo podemos tomar decisiones acertadas?

Como es difícil aceptar una ruptura, queremos minimizar el dolor y repetimos como un mantra (a nosotros y a los demás) "Estoy bien". Si reflexionamos en el asunto es un absurdo siquiera pensarlo: se acaba de terminar una relación a la que le habías apostado mucho, te separas de alguien que en algún momento fue el "amor de tu vida", se derrumban todos los planes que tenías a futuro con esa persona, hay miles de ajustes: económicos, de cambio de domicilio, de tomar responsabilidades y de empezar a enfrentar la vida en soledad. Perdiste a tu equipo. ¿Cómo pretendemos pensar que estamos bien? Con esta venda en los ojos (y en las emociones) es común que después de una separación o un divorcio hagamos muchas cosas sin reflexionar.

Sexo desenfrenado

Cuando Liliana y yo terminamos me sentí fatal. Me dolía como una patada en los h… pero no quería aceptarlo. La solución: un clavo saca otro clavo. Así que me dediqué a salir y de ser posible coger con cuanta mujer conocía. Creo que no habían pasado dos horas de la ruptura y ya estaba pensando a quién podía ver. La verdad, me porté como un verdadero patán con algunas de ellas. Bueno, no.

Con la mayoría. Casi con todas. Básicamente, les juré amor eterno y no las volví a llamar. Pero lo hice porque me dolía.

II

¿Enojarme cuando corto? No. Yo no me enojo, yo me pongo más sabrosa.

Cada uno trata de acallar el dolor de una ruptura a su manera. La teoría de "un clavo saca otro clavo" es bastante socorrida. Después de todo, el estar con alguien más nos ayuda a dejar de pensar en el pasado. Así que hay clavos, clavitos y alcayatas.

Dice el refrán que saber que tenemos un problema es tener la mitad del problema resuelto; ya que reconocer que estamos equivocados, emproblemados o en mal rumbo, es complicado. Hace unos días hablaba con mi amiga Carlota y le pregunté acerca de un nuevo galán con el que estaba saliendo. Carlota cambió el gesto y dijo: "Mucha presión, amiga, mucha presión. ¡Que no me presione, me acabo de divorciar!", dijo en tono molesto. "Tiene que entender que en estos momentos no estoy lista para llevar hijos al futbol, ni conocer futuras suegras. Lo siento, lo único que le puedo dar son las nalgas." Carlota es una importante ejecutiva. Acostumbrada a resolver conflictos en su empresa, sabe bien lo que quiere y cómo conseguirlo. Carlota se divorció hace unos meses después de varios años de matrimonio. Como sabemos, quienes lo hemos pasado, el divorcio es un proceso difícil y complicado. Hay heridas que sanar, un duelo que elaborar, temas económicos que resolver. Cambios y más cambios. Definitivamente, no es el momento idóneo para iniciar una relación seria. El problema es que es difícil reconocerlo y en el deseo de poner punto final al momento amargo adoptamos la filosofía de "un clavo saca otro clavo" sin reconocer la dificultad, el momento por el que estamos pasando.

Rodolfo, un amigo argentino, me comentó que cuando se divorció tuvo un largo historial de relaciones casuales. En muchos casos, con mujeres de las que no sabía ni su nombre. Estaba en la etapa del dolor y pensaba que lo único que le quitaría ese dolor era tener sexo con otras mujeres. Reconoce que era una forma de venganza. Más de una vez, cuando las miraba después de tener sexo, lo único que podía pensar era: "Dios mío, que se convierta en pizza. Por favor, no quiero ni hablar con ella. Que se convierta en pizza".

Para muchos, el sexo casual es todavía un tabú. Quizá los hombres lo tienen más fácil, ya que siempre han podido diferenciar entre una chica para salir el jueves en la noche, la que presentan a sus padres y la quieren para madre de sus hijos. Es como si en su cabeza hubiera muchos cajones en donde cada cosa ocupara un lugar y quedara en perfecto orden. A muchas mujeres, aceptar que la relación no va a pasar de sexo casual las hace sentir mal. Así que mientras él dice: "Dios mío, que se convierta en pizza", ella dice: "Dios mío, que se convierta en príncipe azul". Como si en su cabeza hubiera un cajón gigante donde caben príncipes y sapos sin distinción.

Que los dos tengan claridad del terreno que pisan es fundamental. Sin embargo, saber lo que queremos, expresarlo y coincidir con lo que el otro desea, aunque sea lo ideal, no es tan sencillo. Pensamos que no aceptará que sea una relación abierta o casual, así que mentimos y otras veces nos engañamos pensando que las cosas van a cambiar. Muchas veces preferimos ignorar las señales, hacer caso omiso de los focos rojos y no ver que la relación en la que estamos no va para ningún lado.

Si ambos saben que es algo casual y están de acuerdo en el estatus de la relación, no habrá enojos ni malentendidos. No hay expectativas de planes a futuro en vacaciones o fechas como Año Nuevo. Nadie se siente porque no fue requerido para conocer a los suegros y cuñados o porque el otro hace un plan que no los incluye en vacaciones. Sabes que no tienes el título de "futuro padre o futura madre" de sus hijos. Si el otro está en una relación no hay fantasías de que deje a su pareja por ti. No hay castillos en el aire que involucren un vestido blanco, frac y luna de miel.

Nada. Hay dos personas que disfrutan con su mutua compañía, sexo y punto. En temas de relaciones la honestidad es clave. Pensamos que si mentimos lastimaremos menos al otro, que le ahorraremos el dolor de saber que no queremos algo serio, que habrá dramas y reclamaciones. Por el contrario, puede ser que alguien salga corriendo, pero también puede suceder que la otra persona esté buscando lo mismo. Esa sinceridad, independientemente de si la relación se da o no, siempre se agradece, ya que es una muestra de respeto. Por duro que parezca, una verdad —por difícil que sea— siempre es más bondadosa que mil mentiras. Si saber que tienes un problema es tener la mitad del camino andado, reconocer que no estás listo para una relación seria es ahorrarte (y ahorrarle al otro) muchos dolores de cabeza y probablemente otro descalabro sentimental.

Usar un clavo para sacar otro

Cuando se firma un divorcio, o una relación termina, no necesariamente se termina al mismo tiempo lo que sentimos por esa persona. Lo ideal, sería que nos diéramos el tiempo necesario para llorar la relación perdida, analizar lo que pasó y una vez que las heridas sanaron, entonces sí, a otra cosa mariposa. Pero con la filosofía de "un clavo saca otro clavo", muchas veces tratamos de apresurar los procesos y buscamos entrar en una nueva relación cuando todavía estamos enganchados con la anterior. O bien, pensamos que necesitamos otro clavo, si no para sacar al anterior, al menos para que nuestro ex se entere de que nos la estamos pasando muy bien sin él. Puro total y absoluto despecho.

Cuando no se ha superado una relación anterior, esto tiene un fuerte impacto en la calidad de la relación actual o en la percepción de la misma. Pasamos mucho tiempo pensando en lo que sucedió, en vez de enfocarnos en la relación actual. Horas cavilando en qué fue lo que salió mal y qué hubiera pasado si no hubiéramos dicho o hecho tal o cual cosa. Tiempo malgastado en preguntas sin respuesta.

Evidentemente, es difícil que una nueva relación funcione si le invertimos tanto tiempo y energía en la anterior. Si las heridas de las relaciones anteriores se pudieran ver, nos daríamos cuenta de que todavía están abiertas y nos acercaríamos a otros con pinzas. Pero como no podemos o no queremos hacerlo, preferimos engañarnos y creer que estamos listos para una nueva relación.

La moneda tiene dos caras. Algunas veces somos los que actuamos por despecho y otras veces los que salimos con alguien despechado. Quien ha salido con alguien que está recién separado, divorciado o tronado, a base de golpes y sinsabores ha aprendido que no es una buena idea y que una relación así difícilmente funcionará. Un amigo decía que las relaciones que tienes inmediatamente después de tu divorcio son "las de echar a perder", ya que pocas veces funcionan.

Utilizar un clavo para sacar otro no representa mayor problema siempre y cuando ambos estén claros en su función temporal. Cuando una amiga se divorció, comenzó a salir con un hombre con el que no tenía nada en común. Ante el asombro de sus amigos al conocer su nueva pareja ella simplemente dijo: *"He might not be Mr. Right, but he is what I need right now"* (No es el hombre perfecto, pero es el que necesito en este momento). Sin engaños y todos tan contentos.

Desafortunadamente no todos tenemos esta claridad mental. En la desesperada búsqueda del clavo nuevo, para que el mundo sepa (examor incluido) que estamos muy bien, nos aferramos a clavos bien torcidos u oxidados, lo que para colmo de males envía justamente la señal contraria. Cuando sales con alguien con quien jamás saldrías bajo otras circunstancias, es evidente que estás actuando por despecho, lo mismo que si actúas apresuradamente y juras que has encontrado al amor de tu vida cinco minutos después de terminar una relación. Actuar por despecho no es, ni lo ha sido nunca, una buena idea. Un clavo puede sacar otro clavo, pero también puede dejar fantasmas en el clóset que saldrán a perseguirnos en las siguientes relaciones o, peor aún, eternamente.

Por otra parte, hay quienes piensan que si sus amigos y familiares lo ven pronto con otra persona es una suerte de victoria y una manera de minimizar la importancia de la ruptura. De alguna manera es como decir que está todo bien, que sea lo que fuere que haya pasado, el problema ya está superado. Pensamos que el que haya otra persona en nuestra vida, de alguna manera nos valida como personas fantásticas, lo cual es un grave error.

Natalia canceló sus planes de boda con Juan Emilio. A los seis meses de tronar, Juan Emilio estaba casado con otra mujer. La nueva boda se celebró casi en la misma fecha de su aniversario con Natalia. Para nadie fue una sorpresa que se divorciaran dos años después.

Tequila por galón

Otra de las conductas no tan afortunadas a las que solemos recurrir cuando tronamos es el exceso de alcohol o drogas. El ahogar las penas en tequila es un remedio muy socorrido, independientemente de su efectividad. Lo hemos visto en infinidad de películas y canciones. Lo recomendamos a nuestras amistades cuando pasan por una situación similar. Sabemos que quizá no cura las penas, pero de momento ayuda a olvidar. Lo importante en estos casos es tratar de minimizar los efectos negativos de estas conductas:

- *Asegúrate de que las borracheras sean seguras* entre amigos cercanos y confiables (no quieres que las fotos de la borrachera terminen en las redes sociales, o que tu jefe se entere) y que no tengas que manejar. Una vez hecho lo anterior, puedes buscar tus canciones favoritas de despecho y cantar a voz en cuello junto con tus amigas y varios tequilas.
- *El alcohol y los teléfonos inteligentes son una combinación letal* cuando tenemos el corazón roto. La tecnología nos ofrece múltiples opciones para ponernos en ridículo. En esta situación puedes ahogar tus penas en tequila, pero tu celular debe quedar a buen resguardo para evitar ataques de pedofonía. La tecnología nos queda a deber un teléfono inteligente con alcoholímetro que impida el funcionamiento del mismo, salvo para números de emergencia. Con esto nos ahorraríamos el susto de despertar y ver catorce llamadas al número de nuestro ex o leer los mensajes insistentes que escribimos en chats privados o en redes sociales. Desde luego que en estos casos la cruda moral supera a la física. Y si bien existen muchos remedios para curar la cruda física, todavía no hay un medicamento, Gatorade o chilaquiles que nos alivien el dolor de estos desatinos.

Sanar de una ruptura sentimental toma su tiempo, por lo que hay que buscar la forma de desahogarnos sin "efectos secundarios". Ir a una terapia, ver a nuestros mejores amigos o escribir largas cartas (que jamás lleguen a su destinatario) y que expresen todo nuestro dolor son una buena decisión. Además del dolor de la ruptura, no necesitamos la vergüenza de que nuestros conocidos nos saquen la vuelta o que nuestra tristeza sea del conocimiento público y quede para siempre en el ciberespacio.

Apostar todo a la nueva pareja

Hay quienes se mueven como Tarzán. Es decir, necesitan tener una liana para soltar la otra. Necesitan la seguridad de un nuevo amor para poder soltar al anterior. Por supuesto que no hay un duelo ni reflexión o algo parecido. En esta euforia por encontrar otra vez el amor o el miedo a perder esa felicidad recién encontrada hacemos tonterías como "dejar todo por amor".

Cuando alguien está en esta situación es capaz de hacer cosas que no hubiera hecho en otras circunstancias como alejarse de sus hijos, correr riesgos financieros extremos, poner en riesgo su salud, dejar de ver a su familia o amigos. Cualquier cosa, no importa lo que sea, para agradar a ese nuevo amor, ya que la sola idea de perderlo nos enloquece.

Consuelo volvió a casarse apenas al año de su divorcio. Estaba feliz porque su nuevo hombre, que no se parecía en nada a su exmarido, era —según ella— todo lo que siempre había soñado. A diferencia del padre de sus hijas, la estabilidad financiera no era el fuerte del nuevo marido. Consuelo decidió vender sus propiedades para tener capital y que él pudiera poner un negocio en la provincia. Harían su patrimonio juntos, así que dejó su trabajo y a sus hijos, e invirtió todo su capital para vivir este nuevo sueño con el hombre que amaba. Sus amigos le recomendaron ser prudente, esperar un poco antes de hacer tantos cambios y tomar esos riesgos. Se negó a escucharlos. Dos años después Consuelo no tenía casa, negocio ni marido…

Gallinas tratando de pasar por flamencos

Recuerdo a una amiga que empezó a salir con un abogado que adoraba acampar, no se perdía una oportunidad para ir. Además a él le gustaba la música clásica. Mi amiga se informó sobre ambos temas y mientras eran novios lo acompañó varias veces; se esforzaba por ser la novia perfecta. Por supuesto, cuando se casaron, ella no volvió a acampar y además hacía tremendos dramas cuando él iba con sus amigos. A los conciertos iba a veces, pero nunca con la frecuencia de antes. Además de esas diferencias, como era de esperarse surgieron otras, hasta que finalmente se dieron cuenta de que tenían muy poco en común y se divorciaron. Él se llegó a quejar varias veces después del divorcio de que su ahora exmujer había cambiado mucho. ¿Cambiado?, no, tristemente lo que sucedió es que finalmente tiró la máscara y se mostró como siempre había sido.

Aceptarnos tal y como somos es difícil, pero si no lo hacemos nosotros nadie más lo hará. Por supuesto que todos queremos que nos valoren, aprecien y amen. Pero nuestra necesidad de aceptación y de cariño es tan grande que nos lleva a hacer casi cualquier cosa para que nos acepten. Seguramente has visto circulando en las redes sociales la fotografía de una gallina caminando con una especie de zancos junto a dos rosados flamencos. El texto es contundente: "Las fregaderas que hace uno cuando está enamorado". Ni cómo criticar a la gallina. En algún momento todos (ouch) nos hemos puesto en una situación similar, tratando de aparentar ser lo que no somos —y nunca seremos— para agradar a alguien. Lo cual es evidentemente ridículo para todos, menos para nosotros mismos. Aunque la imagen dice por "amor" creo que debería decir: "Las fregaderas que hace uno por inseguro". Necesitamos que esa persona nos quiera y no nos importa fingir ser algo que no somos, mentir o engañar, con tal de que así suceda.

El problema es que si nos disfrazamos de flamencos, cuando en realidad somos gallinas, lo que estamos vendiendo y lo que los otros valoran es una ilusión. Una cosa es adaptarse al entorno y otra, muy distinta, fingir. Como siempre sucede, tarde o temprano, la verdadera personalidad sale a la luz. No es posible mentir para siempre.

En todas las relaciones, la sinceridad es importante. En el fondo, todos queremos saber qué terreno pisamos. Quizás el terreno será más pedregoso de lo que nos gustaría, pero a pesar de ello, queremos seguir; después de todo, ninguna relación es fácil y en todas habrá problemas. El conocer la verdadera personalidad con todo y defectos de quien amamos y saber que podemos vivir con ellos es un buen comienzo para cualquier relación.

Hay quienes trasfieren sus inseguridades a otros, por eso prefieren que sus parejas sean gallinas entre flamencos. Su inseguridad es grande y prefieren que su pareja no sea muy atractiva para que no haya otro u otra que se las pueda arrebatar. La inseguridad no tiene género, existe, tristemente, entre mujeres y hombres que prefieren que sus parejas tengan sobrepeso, vistan pasadas de moda o de una manera muy recatada, porque el que otra persona las mire los hace sentir muy mal. De alguna manera lo que quieren es "encerrarlas" para que no tengan la posibilidad de engañarlos. Lo cual, sabemos bien, no se puede asegurar ni con cinturón de castidad.

Si fuéramos un poco más seguros de nosotros mismos haríamos justo lo contrario. Nos esforzaríamos para que nuestra pareja fuese la mejor versión de sí misma, que alcanzara sus metas, que fuera alguien que nosotros y todos admiraran. Si resulta que ese dios o diosa quiere estar con nosotros es porque también valemos la pena. Es triste pensar que alguien quiere estar con nosotros sólo porque somos su último tren, Afore o porque nadie más le haría caso. En pocas palabras, elegimos ser el "peor-es-nada" de alguien, en vez ser su "no-lo-cambio-por-nada".

Si miramos a nuestro alrededor, la mayoría de las parejas no son "perfectas", ni tienen gustos parecidos. Se respetan, se aman, tienen problemas pero saben resolverlos, están bien juntos y eso es lo importante. ¿Cuántas veces no nos hemos preguntado "qué hace esa supermaravilla con alguien así"? Muchas. Quizás el error está en esforzarnos por parecer un flamenco, cuando en realidad lo único que el flamenco quería era una gallina que estuviera feliz de serlo.

Buscar venganza

Dice el refrán que "la venganza es un plato que se sirve frío". Esto quiere decir que hay que evitar actuar cuando tenemos la cabeza caliente porque nuestros planes pueden volverse en nuestra contra, si actuamos en momentos en los que no podemos pensar con claridad.

Lo cierto es que cuando estamos lastimados, lo primero que nos viene a la cabeza es una manera de hacer pagar a nuestro ex por hacernos sentir tan mal. Hay quienes han chocado el coche de su ex, cortado su ropa en pedacitos o firmado sumas exorbitantes con su tarjeta de crédito. Otros han calumniado y también en algunos casos la venganza se convierte en un arma que lastima a terceros, como cuando no se permite ver a los hijos o se les envenena en contra del otro.

El desamor duele y el dolor nos hace tomar medidas que no siempre son las acertadas y, que en última instancia, pueden lastimar a otros que no tienen la culpa de nuestro sufrimiento. La venganza no ayuda a sanar las heridas emocionales ni a superarlas. Quizás es un remedio temporal, pero tiene consecuencias negativas a largo plazo.

Las acciones tienen consecuencias y éstas llegan tarde o temprano. En realidad, no necesitamos hacer nada ya que la vida se encarga de "vengarse" por nosotros. No por nada existen refranes como el de "siéntate a la puerta de tu casa y verás pasar el cadáver de tu enemigo", ya que las acciones equivocadas tienen consecuencias y éstas llegan tarde o temprano sin que tengamos que mover un dedo.

Sí, puedes vengarte y mandarle su ropa en pedacitos pero eso no te ayudará a que el proceso de ruptura sea más fácil y puede contribuir a que la violencia mutua escale y te manden de regreso tu ropa en cuadritos también. Además, es fácil que en esta situación te etiqueten de "Lalo" (LaLo-ca de mi exnovia).

Firmar con su tarjeta y otro tipo de desahogos pueden hacerte sentir bien por un momento, pero superar una relación y lidiar con los temas de la misma requiere generalmente de más tiempo y terapia. En el tema de pareja, la deslealtad o las traiciones son doblemente dolorosas y difíciles de manejar. Primero porque cuesta trabajo creerlo. "¿De verdad me hizo tal o cual cosa? ¿Estaré interpretando mal la situación? Hemos sido pareja por años, ¿cómo puede hacerme algo así?", pensamos desconcertados. Después de que confirmamos la traición viene el dolor y, aceptémoslo, las ganas de pagarles con la misma moneda (o devolvérselas en versión corregida y aumentada).

La lealtad no puede desvincularse de la amistad o del amor. La obligación del amor o amistad es ser leales y esta obligación es especialmente importante cuando el otro está en una posición vulnerable. Es justo entonces cuando la relación adquiere un sentido profundo. Y, si verdaderamente amamos a alguien, tenemos la responsabilidad de apoyarlos y acompañarlos.

Pagar con la misma moneda a quien nos hizo daño puede ser perjudicial. Hay que entender que cuando nos lastiman, el tema no tiene que ver con nosotros sino con sus problemas personales, educación, carencias, etcétera. Si logramos entenderlo, sus acciones dejarán de lastimarnos.

Imaginemos que estamos en una batalla. Nuestro enemigo, durante la contienda, nos lanza varias flechas. Desafortunadamente, una de esas flechas venenosas nos hiere. Al vernos heridos tenemos dos opciones: dejar de pelear, sacar la flecha y buscar ayuda para curarnos o dejar la flecha dentro y salir con nuestras últimas fuerzas a devolver el golpe al enemigo (como Rambos modernos). ¿Cuál elegirías? La opción Rambo puede resultar más satisfactoria a corto plazo, pero también más dañina. El buscar vengarnos de nuestros enemigos tiene un costo muy alto. Se nos va la vida en ello y dejamos de disfrutar a las personas y cosas que sí valen la pena. No es necesario darle muchas vueltas para darnos cuenta de que es mejor buscar sanar que morirnos en el intento de tomar venganza.

Es imposible poner en tela de juicio los beneficios del perdón, pero también es cierto que muchas veces no estamos listos para perdonar y solamente podemos comprender las motivaciones que los orillaron a actuar de esa forma. No tiene caso alegrarse por las desgracias ajenas, ni desearlas. Nos guste o no, nada es estático. El cambio es inevitable, es nuestra elección aceptarlo o resistirlo, pero no podemos frenarlo. Los cambios hacen que algunas veces estemos arriba y otras abajo en la rueda de la fortuna de la vida. La vida es como un bumerán que regresa todo los que hacemos, bueno o malo. Tarde o temprano, nuestras elecciones tienen consecuencias. Si fuimos déspotas o innecesariamente crueles, el resultado seguramente será una dolorosa lección. Si actuamos de forma correcta, seguramente el resultado será positivo.

Gastar compulsivamente

Comprar para endeudarte. Ropa y cirugías. Seamos sinceros, cuando el amor se acaba, un vestido o un guardarropa completo no van a hacer que lo recuperes. Sabemos que verse bien es muy importante, pero para eso no necesitamos invertir una fortuna más allá de nuestras posibilidades. Pensar que vas a recuperar el amor perdido o conquistar a uno nuevo por comprar ropa o coche nuevo es un autoengaño, además, ¿para qué estar con alguien que se deslumbra ante un auto o guardarropa en vez de hacerlo por ti?

La experiencia nos enseña que no hay buenas razones para gastar más allá de nuestro presupuesto y que los dolores de cabeza para pagar las deudas muchas veces no son proporcionales a la felicidad que nos dio un suéter nuevo.

Cuando Ramiro se divorció, lo primero que hizo fue comprar un auto mucho más caro y lujoso que el que ya tenía. Aunque era precioso, estaba definitivamente fuera de sus posibilidades. En ese momento él pensaba que tener un buen auto era prioritario para el ligue. Y sí, con un coche así, Ramiro recibía muchas miradas. Lo cierto es que el auto forma parte de un todo y aunque un buen auto puede "apantallar" a algunos, la verdadera situación económica es difícil de ocultar. Es absurdo que tengas un coche carísimo pero no te alcance el dinero para invitar unos tacos. Por otra parte, hay a quienes, si bien valoran la seguridad económica, un auto lujoso o convertible les tiene sin cuidado.

Es sano darse unos gustos, quizá más de lo común, pero el endeudamiento extremo implica ponernos la soga al cuello, vamos a acabar trabajando horas extra para pagar algo que quizá no queríamos (y seguramente tampoco necesitábamos). El endeudamiento, además, no garantiza que el viejo amor regrese ni que consigamos uno nuevo. Piénsalo: ¿querrías andar con alguien o volver con tu expareja solamente porque tiene un auto o ropa nueva? No lo creo. Date tus gustos y no unos buenos sustos.

Lastimarte por lastimarlo

"Si piensa que estoy en peligro vendrá a rescatarme." Pueda ser que sea cierto. Muy probablemente tu expareja no quiera que nada malo te pase. Pero de ahí a que quiera volver contigo hay un mundo de distancia. Puedes provocar un accidente, hacerle saber que estas enfermo, o que estás deprimido y no has salido de tu casa en un mes. Sin embargo, a pesar de que tu ex se preocupe, corra a verte y te apoye para salir del trance, es muy probable que no quiera volver contigo. Paradójicamente esta necesidad de rescate quizá juegue en tu contra y lo convenza de que hizo bien en terminar la relación.

Efectivamente, el que te vea mal puede hacerlo sentir mal y quizá consigas que se sienta culpable, pero eso no recuperará los sentimientos de amor que se han perdido. Si hubieras sido tú quien decidió finalizar la relación, ¿volverías con tu expareja porque la ves mal, deprimida o enferma? Si lo piensas un poco más a fondo, lo que deberías preguntarte es si querrías que tu ex vuelva contigo por lástima. Aunque la tentación de responder que sí a cualquiera de estas preguntas sea grande, si somos honestos y tenemos algo de salud mental difícilmente nos gustaría que nuestra pareja esté con nosotros por la razón equivocada. Finalmente, eso sería postergar la ruptura o, peor aún, seguir en una mala relación.

Es cierto, los problemas pueden unir a una pareja. Hay parejas que han vuelto después de una infidelidad, o un problema serio. Y sí, han sabido fortalecer su relación a partir de ese problema. Para ello se requiere que ambas partes tengan interés en salvar la relación, estén dispuestos a ver los errores y a no repetirlos, y también estén dispuestos a perdonar. Por mucho que uno lo desee, eso no va a suceder simplemente porque estemos enfermos o deprimidos.

- *Amenazas de suicidio.* Si escuchas este tipo de amenazas, tienes que entender que la otra persona está fuera de sí y tiene problemas. ¿Qué hacer? Avisar a sus familiares, para que la ayuden. Generalmente este tipo de amenazas se quedan en eso, amenazas. Sin embargo, ya el mero hecho de proferirlas implica un desbalance que requiere ayuda especializada. No de la tuya.
- *Comer sin límites o no comer nada.* La ansiedad tiene sus secuelas en nuestro cuerpo… A algunos, la ansiedad les hace imposible probar bocado, por lo que pierden mucho peso después del divorcio. En otros casos, la ansiedad provoca que no puedas parar de comer. Los excesos o abusos se dan más fácilmente en este tipo de situaciones de desamor y ruptura. En ambos casos lo mejor es visitar a un médico ya que los problemas relacionados con la alimentación pueden acarrear complicaciones. El lastimarte no hará que tu expareja regrese. Mejor cuida tu salud.

Contarle a todo el mundo tus penas

Mi amiga Leticia recuerda que después de tronar con su novio "atormentó" a todos los que se le acercaron a platicar en la fiesta de cumpleaños de su hermana. Después del saludo cordial, ella empezaba a contarles con lujo de detalles todas las "barbaridades" que le había hecho su exnovio. Después de unos minutos notaba que su interlocutor miraba el celular y después decía que tenía que hacer una llamada o saludar a alguien. Lo mismo sucedía con todas las personas con las que hablaba. Aunque se percató que los aburría, no le importó y siguió contando el mismo cuento a quienes se le acercaron aquella noche. Su necesidad de desahogarse superó por mucho las ganas de hacer amigos. El problema es que ahora, que ya está bien, los amigos de su hermana huyen cuando la ven.

La verdad es que cuando nos toca ser el paño de lágrimas de los recién tronados lo hacemos con gusto, por un tiempo razonable. No nos importa recibir una llamada a deshoras o escuchar la misma historia varias veces, sin embargo, el proceso de duelo de una relación no puede ser eterno; como la paciencia de nuestros amigos, tiene un límite.

Terminar una relación duele y cada uno tiene maneras diferentes de lidiar con ese dolor. Compartirlo con amigos es uno de ellos. El problema es que durante ese tiempo nos volvemos monotemáticos, repetitivos e insoportables. Por eso lo mejor que podemos hacer cuando terminamos una relación es no hacer nada, literal. Si la ruptura es muy dolorosa, el encierro y el periodo de calma deberán ser más prolongados. La restricción se extiende al uso de las redes sociales y el teléfono celular, en especial si hay más de una gota de alcohol en tus venas.

¿Desahogarte en las redes sociales? ¡Por ningún motivo!

Las redes sociales, tan útiles en nuestra vida cotidiana, pueden convertirse en una verdadera amenaza cuando se termina una relación si las usamos como un medio para desahogarnos o ventilar nuestro enojo. Hace un par de años me tocó presenciar los dimes y diretes de una pareja en las redes sociales. Me enteré de cosas que no necesitaba saber, al igual que sus respectivos 10 mil seguidores que no han visto en persona en su vida. Además, lo que uno escribe en las redes sociales es prácticamente imposible de eliminar. A pesar de que casi de inmediato borremos aquello que escribimos o subimos, ya es demasiado tarde. Cualquiera pudo haberlo copiado, retuiteado, compartido, o lo que sea, y la huella queda ahí, para siempre. Las "guerras" y recriminaciones, en Twitter o

Facebook, ya sea que tengan bien identificado al destinatario o no, hacen público un asunto que no debería serlo.

Por otra parte pensamos que ciertos mensajes pasarán desapercibidos en las redes sociales o que no tendrán consecuencias, en ambos casos es un error. No sabemos quién leerá eso que escribimos ni cuándo, y no podemos medir sus alcances. Nuestra amargura, dolor y falta de tino se quedarán ahí mucho tiempo después de que hayamos superado esos sentimientos y la situación haya cambiado.

Con el tiempo nos damos cuenta de ello y nos arrepentimos, pero ya es tarde. Mientras estamos dolidos y lastimados, con la razón obnubilada por el desamor, pensamos (equivocadamente) que ventanear a nuestro examor es una buena idea. Esos tuits destinados a una persona determinada del tipo: "Me has roto el corazón", "Nada de mi última relación valió la pena", "¿Cómo pude amar a alguien tan cruel?" y cosas por el estilo, no deben aparecer en nuestro perfil. Quienes nos conocen saben a quién nos referimos y quienes no seguramente lo averiguarán en poco tiempo, así que no tiene ningún caso hacer un circo de nuestra ruptura. Una vez que hemos hecho público un comentario, aunque posteriormente lo borremos arrepentidos, es casi imposible eliminarlo de la mente de los demás. Nuestras amargas palabras quedan ahí para salir nuevamente a la luz en el momento más inoportuno.

Entrevisté a la doctora Alexis Schreck para tratar de entender por qué cometemos tantas locuras cuando terminamos una relación. Aquí su explicación:

Ante una ruptura uno tiene que elaborar un duelo. El duelo se divide en dos partes: una es la pérdida del amor de la persona que querías y la otra es la herida narcisista. En la primera parte hay que ir desamarrando, poco a poco, los hilos que te unen a esa persona (o a ese objeto, ese país, casa, trabajo, etcétera). Imagina que tienes muchos hilos que te unen a esa persona y tienes que desamarrarlos uno por uno. Es un proceso largo y doloroso pero tienes que atravesar por él. No le puedes "dar la vuelta" al duelo. La gente que no tiene capacidad para elaborar un duelo porque su aparato psíquico se ve demasiado abrumado en ese momento, entra en una parte maniaca en algunos de los casos. Esa parte maniaca es irse a correr, a meterse aquí y allá, no parar de ligar, hacerse una cirugía plástica, irse de viaje, emprender un nuevo negocio, etcétera. Las personas hacen muchas cosas para tapar el vacío que sienten.

Como la manía implica correr y correr y correr, llegará un momento en que el corredor —por decirlo simbólicamente— se canse y tenga que elaborar el duelo. Tarde o temprano lo hace porque no puede estar toda su vida de amante en amante, de deporte en deporte, o de viaje en viaje. No hay cartera o cuerpo que lo resista, ni nadie que te aguante. Elaborar el duelo tiene ventajas claras, porque te permite ahorrarte muchas tonterías: no te vas a meter en relaciones fútiles, ni vas a gastar mucho dinero en viajes o ropa que no necesitas. Además, lo más importante es que vas a poder, eventualmente, hacer el espacio necesario interno para volver a tener otra pareja y emprender algo genuino.

La otra parte del duelo es la herida narcisista. Cuando tú tienes una ruptura en una relación porque el otro lastimó tu narciso, tu ego, las cosas se complican seriamente. Una herida al ego es muy difícil de resarcir, duele y mucho. Nada nos duele más que nos peguen en nuestra autoestima. Muchas veces nuestra autoestima está sostenida con palillos, si nos lastiman, nos quedamos no sólo sin el otro, sino también sin una parte de nosotros mismos. Debido a la herida narcisista, entra todo el proceso del resentimiento. Entonces planeo por años y años y años una venganza. El resentimiento es como andar con los ojos en la nuca mirando hacia atrás. Es como estar atorado en un coche en el fango y mientras más aceleras, más te hundes. Tiene que ver con la idealización que uno tiene del otro y de la historia de amor. No puedes tener resentimiento ante quien consideras un pobre diablo, piensas que esa persona que te lastimó es como un dios, un ser superior. Parte del trabajo en terapia es quitarle a ese ser que te lastimó ese revestimiento que tú le has puesto. Ni él es un dios, ni tú eres una bruja. Trabajar en la herida narcisista es a veces la parte más difícil de elaborar de una ruptura.

Poder distinguir entre el duelo y la herida narcisista hace más fácil el camino. Hay que poder diferenciar entre el "¿cómo me hiciste esto a mí?" (me dejaste por otra, me engañaste, lo que te hayan hecho) y el extrañar a la persona y lo que hacían juntos. Es también la muerte de una expectativa.

¿Qué le sugerirías hacer a alguien que termina una relación?
Ante una ruptura de pareja, considero recomendable asistir a una terapia aunque sea a corto plazo, ya que te ayuda a poner las cosas en perspectiva. Mi

psicóloga de cabecera dice que lo único que puede ayudarte a superar la ruptura de una relación amorosa son las amigas y el tiempo ("*time and girlfriends*").

El terminar una relación implica dejarlo ir, no seguirlo reteniendo de mil maneras y es lo que muchísima gente hace. Sugiero que no hables tanto de tu expareja. Limítate a hablar de él o ella en tu espacio de terapia y el resto del día trata de hablar de otras cosas. Cada vez que hablas de tu "ex" le estás dando un valor interno y entonces está rigiendo varias horas de tu día, está rigiendo tu vida, porque internamente le das mucho valor a él y te estás restando ese valor a ti.

Alexis Schreck es doctora en psicoterapia y psicoanalista de la Asociación Psicoanalítica Mexicana (APM), con el reconocimiento de la International Psychoanalytic Association. Coordinó el doctorado de la APM y ahora es docente de su Centro de Estudios de Posgrado. Es autora de *Mitos del diván* (México, Otras Inquisiciones, 2010), *La compulsión de repetición: la transferencia como derivado de la pulsión de muerte en la obra de Freud* (Editores de Textos Mexicanos, 2011), y coautora de *Misión imposible: cómo comunicarnos con los adolescentes* (Penguin Random House, 2015), y sigue escribiendo para diversas revistas y medios, tanto académicos como de divulgación. Desde hace más de 23 años se dedica a su consultorio trabajando con adolescentes y adultos en psicoterapia y psicoanálisis.

8 Luz al final del túnel

Tu nueva vida puede ser mucho mejor que la anterior. De verdad

"Rubén, ¿por qué no nos casamos?", le dijo, en una fiesta, Beatriz, su compañera de diez años. Rubén la miró sorprendido, sin saber qué decir. Los demás callaron. Beatriz prosiguió: "Nos casamos y nos divorciamos al día siguiente; es que mira a Guadalupe, está guapísima ahora que se acaba de divorciar".

"El divorcio rejuvenece", dice el refrán y es bien cierto, ya que los cambios que hacemos en nuestra vida después de una ruptura suelen ser muy positivos. Después del shock inicial, empiezas a mirar a quien por mucho tiempo habías ignorado: a ti misma. Cuidas tu salud, tu apariencia, quizás actualices tu imagen o te pongas esa ropa que a ti te encantaba y tu ex detestaba.

El divorcio no es únicamente un cambio en la apariencia, sino también de actitud. Aprendes a hacer muchas cosas que antes le dejabas a tu pareja: muchos hombres aprenden a coser botones o cambiar pañales y las mujeres empiezan a hacerse cargo del mantenimiento del coche, verificaciones, pago de seguros, etcétera. Una separación es también una gran oportunidad para dejar de ser "una mitad", para ser alguien más completo, con más control de tu vida. Desde luego que alguien seguro y que sabe lo que quiere es más atractivo que alguien que está lleno de dudas, inseguridades e indecisiones.

He preguntado a amigas y amigos que han pasado por una ruptura y todos coinciden en que están mejor ahora que en los últimos años de su relación. Si bien es cierto que es doloroso y toma tiempo (y terapia) llegar a esta conclusión, invariablemente te sientes mejor y más seguro de que fue una decisión acertada.

I

Lorena, que estuvo casada quince años con un hombre autoritario y egoísta que la controlaba hasta con la mirada, siente que volvió a nacer. Desde luego que le tomó años de psicoanálisis y echarle muchas ganas, pero poco a poco dio los pasos para reconocer sus errores y no repetirlos. Ella dice que el divorcio, al que le tuvo tanto miedo, terminó siendo algo muy positivo para ella y sus hijos. Le cambió el carácter, se siente feliz y tiene muchos amigos.

II

Alberto se siente mucho más feliz ahora que durante los últimos años de su matrimonio: "Eso sí, mi divorcio fue durísimo. En algún momento pensé que debía secuestrar a mi propio hijo y huir del país. Afortunadamente, no lo hice. Recapacité cuando un amigo me dijo: 'Hazlo si quieres, pero piensa en cómo va a afectar eso a tu hijo'. Las cosas entre mi ex y yo fueron suavizándose un poco y ahora lo puedo ver regularmente. Estoy mucho mejor que hace años. Sí. Te puedo decir honestamente que finalmente me siento contento".

No se trata de mentir. Divorciarse no es fácil. Pero eso tan doloroso que crees que te va a matar, también te hará más fuerte. El dolor te obliga a buscar una manera de sanarlo y aunque todavía no hay aspirinas o analgésicos para superar los divorcios o truenes, sí hay alternativas que te harán sentir mejor como terapia, meditación, coaching, entre otras.

Un trabajo te da mucho más que dinero

El divorcio implica un cambio económico en la mayoría de los casos. Quienes no trabajaban y empiezan a buscar un empleo se encuentran aterrados. Las dinámicas del siglo XXI favorecen aprender y desarrollar nuevas actividades, a diferencia de lo que sucedía antaño, cuando los cambios eran poco comunes; por ejemplo, si una persona se desempeñaba como herrero trabajaba en ese oficio toda la vida, probablemente en el mismo taller, en el mismo pueblo. En los inicios del siglo XX, los cambios de una empresa a otra no eran frecuentes, ni bien vistos. Si empezabas a trabajar en una determinada empresa, te quedabas en esa empresa. Hoy eso es impensable. Los cambios inesperados en la economía, las frecuentes crisis que llevan a empresas a la quiebra y el aumento en la esperanza de vida son condiciones que nos obligan a dejar atrás viejos modelos, innovar, reinventarnos. Las empresas empiezan no sólo a fomentar los cambios con horarios flexibles, trabajadores eventuales o de medio tiempo, esquemas para trabajar desde casa, entre muchas otras opciones.

Todos los días, hombres y mujeres se enfrentan a situaciones desfavorables y deciden no hacer nada porque no se sienten capaces de tomar las riendas de su vida, de atreverse a ser independientes. La mayoría de estas decisiones se basa en su realidad económica. Es fundamental entender que sin importar la edad o la escolaridad, siempre habrá un trabajo remunerado por hacer. También hay que entender que no todos los trabajos son permanentes y si no te gusta el que actualmente tienes, es válido buscar algo mejor. Si no te parece que es el trabajo adecuado o el sueldo que deseas, no importa. Piensa que el tiempo trabajado y mal pagado vale más que el tiempo perdido que no genera nada más que gastos. Si lo entiendes, puedes empezar a construir una vida de productividad.

Hay nuevas profesiones para todas las edades. Mira a tu alrededor: cosas que hubieran sido impensables hace unos años ahora son comunes: masajistas de perros, catadores de agua, coaching personal y empresarial, decoradoras de árboles de navidad y un sinnúmero de actividades que puedes hacer.

Además de proporcionarte un sueldo, un trabajo es una fuente de satisfacción, aprendizaje y realización. Trabajar da sentido a la vida y si podemos hacer algo que amamos, nos sentimos plenos. Como dicen algunos: me gusta tanto lo que hago que no parece trabajo. Es muy probable que cuando empieces a trabajar o reinicies tu actividad después de haberla dejado algunos años, no ocupes el puesto que quieres o que crees merecer, ni ganes lo que te gustaría. Pero las cosas no suceden en un día. Lo importante es que tengas oportunidades de crecer y mejorar; si es dentro de la misma empresa en la que estás, excelente; si no, piensa que es temporal y que ese trabajo soluciona tus problemas económicos provisionalmente mientras encuentras un empleo mejor.

El trabajo genera autoestima ya que puedes ver resultados bastante pronto. Si inviertes ocho horas de tu día cocinando, seguramente pronto conseguirás maravillosos platillos. Si inviertes esas mismas ocho horas en cualquier obligación laboral, ya sea diseñar un jarrón o revisar un contrato, tendrás resultados satisfactorios. Si bien es cierto que puedes compartir el dinero de tu trabajo, el reconocimiento, el aprendizaje y cada uno de tus logros son sólo tuyos, no le pertenecen a nadie más y no tienen que ver con tu estado civil.

¿Quién soy? Reencuéntrate

Muchas veces nos perdemos en una relación. Nos olvidamos de nosotros y nuestros gustos a fin de complacer a nuestra pareja o evitar problemas en la relación. Una ruptura es ideal para volver a pensar en ti y en esos ideales que quizá guardaste en un cajón al iniciar la relación.

Una ruptura te da la oportunidad de empezar de cero, lo cual sería muy difícil si estuvieras todavía en una relación. Quizá tengas que buscar un trabajo, así que puedes preguntarte ¿en qué rama quiero trabajar? ¿Cómo quiero vivir mi vida? Hay quienes empiezan a hacer cosas que siempre quisieron hacer, como practicar algún deporte; otros retoman esas cosas que casi sin darse cuenta dejaron de hacer y les gustaba mucho, como tocar algún instrumento.

Para muchos, la ruptura es un momento ideal para acercarse a la religión o espiritualidad y buscar más paz y armonía en su vida. Un divorcio es un trago muy amargo, doloroso y desagradable, pero también es una oportunidad de revisar tu vida, dar la vuelta a la página y empezar de nuevo.

Cuando Lilia se divorció, decidió no volver a pasar los domingos comiendo en un centro comercial, que era lo que hacía con su exmarido. Quería hacer cosas que le gustaran, así que determinó que los domingos serían para caminar por la ciudad y comer en lugares de preferencia al aire libre. En sus caminatas, visitó muchos museos, galerías de arte. Han pasado varios años desde el divorcio y Lilia sigue disfrutando sus domingos, llenos de caminatas, arte y aire libre.

II

Ernesto, un ingeniero muy exitoso, dice que ha aprendido a aprovechar los fines de semana que no pasa con sus hijos: "En un principio, me sentía solo, los extrañaba y pensaba que nuestra relación cambiaría. Hemos hecho muchos ajustes y la buena relación que teníamos no ha cambiado. Sigo teniendo complicidad y confianza con mis hijos. Los fines de semana que no los veo, los extraño, pero aprovecho para ver a mis cuates, jugar golf, adelantar chamba y ver deportes por horas en la televisión".

Puedo decir que mi hermana es otra persona. En estos meses, mientras escribo el libro veo que se ha abierto como una flor. Tiene mejor humor, está muy contenta en su nuevo trabajo —a pesar de que detesta levantarse temprano— y se ha borrado de su cara esa expresión de preocupación. Poco a poco, como cualquier persona después de una ruptura, se fue acostumbrando a la nueva situación y pudo cambiar aquellas cosas que no le gustaban. El miedo que tenía de volver a trabajar desapareció en cuanto se presentó a su nuevo empleo. La relación con sus hijos sigue intacta y ellos se ven más tranquilos que antes (presenciar la tensión y pleitos entre los padres es difícil para los hijos, aceptémoslo). Todos estamos orgullosos de los pasos que ha dado, sabemos que ha sido difícil, pero también que el esfuerzo ha valido la pena.

Mi nueva y fantástica vida

Un buen día te das cuenta de que estás en la luz nuevamente. El periodo de estar dentro del túnel terminó. Aprendiste, te sobrepusiste al dolor, reevaluaste tu vida. Eres otra persona. Después de pasar por una ruptura, si hiciste la tarea, sabes más de ti, lo que quieres y lo que no quieres. Tienes más autoestima y confianza. Aprendiste que es mejor estar solo que mal acompañado. Llega un momento en que tranquilamente puedes decir: "Estoy libre para algo mejor", independientemente de lo que eso signifique. Para algunos será una pareja, para otros un nuevo estilo de vida, un nuevo trabajo, no importa. Lo que es fundamental es que sabes que se pueden hacer las cosas de manera diferente, que si tienes la oportunidad tratarás de hacerlas mejor y seguramente lo harás porque has aprendido, te has caído y te levantaste.

Epílogo

No me apena decirlo, en retrospectiva, puedo afirmar que el divorcio ha sido una de las mejores cosas que me han pasado. Desde luego que tardé mucho tiempo —y horas de terapia— para poder verlo. Soy una de esas personas que cree en las bondades de vivir en pareja, pero también sé que estar en una mala relación es un infierno muy particular. Prolongar esa situación no ayuda a los integrantes de la pareja ni a los que están a su alrededor.

Estar bien después de un divorcio o separación no es fácil. Durante muchos días todo se ve negro y sin solución. El dolor es demasiado grande como para pensar, disfrutar o moverte. Si alguien me hubiese dicho en esos momentos que algún día yo misma iba a decir que el divorcio era positivo, lo hubiera internado en un hospital psiquiátrico con camisa de fuerza.

¿Por qué digo que el divorcio fue positivo para mí? Porque puso fin a una pésima relación de pareja, me obligó a salir de mi zona de confort, a replantear creencias, sacudirme prejuicios y aprender a amarme. Fue después de divorciarme que obtuve mi título de licenciada en derecho, empleos remunerados, mis columnas en *Milenio* y en la revista *Contenido*, colaboraciones en radio y televisión y la publicación de tres libros. Desde luego que he pasado por momentos tristes, llenos de soledad y desesperación. Los problemas no han desaparecido… una ruptura no acaba con ellos, ésta simplemente marca el final de una relación.

A pesar de la soledad y el dolor, un buen día te das cuenta de que estás mejor. Que esa nueva vida en la que has puesto tanto esfuerzo, vale la pena. Por esa razón escribí este libro y también para decirles a mi hermana y a cualquier persona que esté pasando por una ruptura que, aunque de momento no puedan verlo, van a estar mejor.

Agradecimientos

Este libro tiene una dedicatoria especial para mi mejor maestro: mi hijo Carlos, quien ha sido el motor y brújula de mi vida. Ojalá, querido hijo, que tu corazón nunca se rompa, y si eso sucede, que aprendas de la experiencia y que salgas rápido del bache. Quizá no podamos regresar el tiempo, pero sí podemos aprender de lo que vivimos para no repetir los mismos errores.

Quiero hacer un reconocimiento especial a María Iturbe, Rebeca Uribe y Elena de la Héroes, quienes han pasado recientemente por una ruptura. Sus ganas de salir adelante inspiraron, en parte, este libro.

Los libros no se hacen de la noche a la mañana ni se hacen solos, sino que se dan cuando todo fluye como debe de fluir. Éste fue el caso de *¿Y ahora qué?*, un libro que no se hubiera logrado sin el apoyo del equipo de Editorial Océano. Gracias a Pablo, Rogelio, Rosy, Griz, Marilú, Lupita, Guadalupe y Jessica por su apoyo y confianza. Gracias también a Carlos Marín, Horacio Salazar y Claudia Amador ya que su confianza fue lo que me permitió arrancar en este camino.

Por supuesto que no hubiera llegado a donde estoy sin el acompañamiento de mis padres, hermanos, cuñada, hijastros, sobrinos, madrastra, hermanastros: cada uno de ustedes tiene mi gratitud y un lugar especial en mi corazón.

Los amigos son los hermanos que uno escoge. Yo soy afortunada de tener grandes amigos y amigas. Sin su apoyo en las buenas y en las malas en diferentes épocas de mi vida no hubiera llegado hasta aquí: Sandra Yatsco, Gonzalo Oliveros, Leo Sánchez, Pablo Rodríguez, Vane Dueck, Giuliana Germana, María Elena Meza, Alexis

Schreck, Katia Pita, Pilar Montes de Oca, Bertha Pantoja, Carmen María Oca, Patricia Burguete, Luisi Leyva, Gaby De Esesarte, Jeannette e Ivonne Walls, Fabián Pulido, Carlos Zúñiga, Cristy Prada, Esther Masri, Gaby Pacheco, Lorenzo Hihn, Alfonso Miranda, Raquel Gutiérrez, Vicente Corta, mi grupo loco Juárez, Gaby Enríquez y Yuri Zataraín, es un privilegio compartir la vida con ustedes.

Quiero agradecer especialmente a mis "Copitos", hermanos del alma, por hacer mi vida más fácil, feliz, interesante y divertida. Gracias por su amistad.

Agradezco la confianza de quienes han compartido sus historias conmigo y también a los medios que me han dado un espacio. Gracias de verdad por su paciencia y apoyo a mis queridos compañeros en: Milenio Diario, UnoTV, Editorial Contenido, RMX, White & Case y Océano, imposible enumerarlos a todos, pero quiero que sepan que les agradezco mucho su apoyo siempre.

Agradezco especialmente el apoyo de Arturo Elías Ayub, Luis Vázquez Fabris, Eduardo Cano, Jiména Cárdenas, Monire Pérez y Julieta Prado.

Y, por último, gracias a ti que tienes este libro en tus manos y que me has regalado un poco de tu tiempo. Espero que te ayude a hacer más leve el dolor que causa la ruptura de una relación, y que sepas que, con tiempo y ganas, vas a estar bien.

Esta obra se imprimió y encuadernó
en el mes de agosto de 2015,
en los talleres de Edamsa Impresiones, S.A. de C.V.,
que se localizan en la calle de Av. Hidalgo (antes Catarroja) 111,
Fracc. San Nicolás Tolentino, México, D.F.